모든 그리스도인은 예수님을 구원자로 믿는다. 하지만 그가 우리를 어떻게 구원하는지에 대해서는 단순하거나 협소하게 생각하는 데 그칠 때가 있다. 물론 철저한 이해가 믿음의 필수 조건은 아닐 수 있다. 그러나 속죄의 신비, 구원의 신비는 보다 진지한 사유로 우리를 초대한다. 그런 점에서 이 책은 구원자 그리스도의 의미를 생각하도록 자극하고 그 의미의 실천적 함의를 생각하게 하는 흥미로운 대화 상대다. N. T. 라이트가 보다 포괄적인 그림을 그리며 속죄의 논리를 이해하려 한다면, 사이먼 개더콜은 '대리'라는 핵심 논점을 파고들면서 그림의 깊이를 더한다. 발제 후 이어지는 대화는 서로의 접근법이 놓치기 쉬운 지점을 캐물으며, 각자의 견해를 더 세밀하게 다듬는다. 이를 통해 더 풍성하고 정교한 그림을 완성한다. 로버트 스튜어트의 서문은 속죄라는 주제에 접근하는 방법과 태도를 되짚으며 두 사람의 대화를 더 유익하게 만든다. 책을 읽으며 속죄에 관한 성경의 핵심 진술들을 계속 마주하게 되는 것 역시 멋진 일이다. 저자들의 깊고도 선명한 주장과 부드럽고도 날카로운 대화를 따라가다 보면, 독자 역시 구원의 신비에 한 걸음 더 다가갈 수 있을 것이다.

권연경 숭실대학교 기독교학과 교수, 『오늘을 위한 고린도전서』 저자

흥미로운 책이다. 저명한 신약학자들이 벌이는 열띤 토론을 그 분위기까지 감지할 수 있도록 현장감 있게 옮겨 놓아 포럼에 직접 참여한 느낌이 들게 한다. 성경과 신학의 가장 중요한 주제인 예수 그리스도의 십자가에 대해, 세계적인 두 석학이 서로 묻고 답하며 청중의 질의를 불러낸다. 사이먼 개더콜은 예수님이 우리 죄를 위해 죽으셨다는 대리적 속죄 개념이 복음의 중심이라고 보지만, N. T. 라이트는 예수님의 죽음을 우주적 혁신을 불러온 거대 사건의 차원에서 이해한다. 두 학자 사이의 미묘한 긴장과 갈등이 넘실대는 논쟁은 첨예하게 대립하면서도 상호 보완을 지향하기에 독자의 생각을 자극하며 질문을 촉발한다. 그리하여 더 깊고 폭넓은 십자가 이해를 향한 신학의 순례길로 우리를 인도한다.

박영돈 고려신학대학원 교의학 명예교수, 『톰 라이트 칭의론 다시 읽기』 저자

'십자가'와 '부활', 그리고 '하나님 나라'를 거의 매주 설교해야 하는 목회자들에게 N. T. 라이트만큼 도움을 주는 신학자는 없다. 라이트와 개더콜은 『혁명의 십자가 대속의 십자가』에서 이 모두를 다루지만 특별히 '십자가'를 중심으로 생각을 나눈다. 청중의 질문에 대한 두 신약학자의 답변은 큰 그림에서 일치하다가도 미묘한 차이가 감지될 때면 흥미로운 긴장감을 준다. 설교자들은 자칫 그리스도의 대리적 속죄 개념을 진노한 하나님이 무고한 예수님에게 공격을 퍼붓는 것으로 소개하기 쉽다. 그러나 이 책은 예수님의 대리 사역이 어떻게 모든 피조물을 위한 하나님의 사랑을 드러내고, 왕 같은 제사장이라는 인간 본래의 소명을 성취하며, 마침내 도래한 새 하늘과 새 땅에서 하나님의 영광을 드러내는지를 이야기해 준다.

이택환 그소망교회 담임 목사

예수 그리스도의 십자가는 신약성경의 중심이며, 십자가의 성취에 대한 여러 견해 사이에는 논쟁이 있어 왔다. 여기 두 신약학자가 나눈 흥미진진한 대화가 있다. 이들은 성경 전체를 훑으며 속죄, 즉 예수 그리스도의 죽음이 지니는 의미에 대한 자신들의 관점을 제시한다. 라이트와 개더콜은 서로에게 질문하고 청중이 던진 질문에도 답한다. 서로의 생각이 수렴되고 갈라지는 과정을 거치며, 이 고무적인 토론은 사고의 지평을 확장시킨다. 중요한 통찰은 바로 이 지점에서 발생한다. 이와 더불어 십자가가 신학적·개인적으로 어떤 의미를 지니는지에 대한 인식 역시 더욱 깊어진다.

도널드 매킴 전 멤피스 신학대학원 학과장 및 신학과 교수

예수님의 죽음은 성경과 기독교적인 해석에서 많은 의미를 지닌다. 이 여러 의미에는 사탄을 물리침, 죄의 용서, 사랑의 확증, 공동체 형성, 결속력의 표시, 그리고 종말의 시작이 포함된다. 저명한 학자이자 이미 그리스도의 십자가에 대한 책을 쓴 N. T. 라이트와 사이먼 개더콜은 이 책에서 십자가의 수많은 의미를 놀라운 방법으로 발표하고, 이야기를 쏟아내고, 이견을 보이고, 상세히 설명한다. 이들의 대화는 청중의 질문으로 활기를 얻으며 닫히지 않은 결론에 도달한다. 이를 담은 이 얇은 책은 오늘날의 속죄론 논쟁에 참여할 수 있는 입장권을 제공한다. 이 책은 예수님의 죽음에 관한 문헌들의 망망대해에 발만 담그고 있는 이에게 좋은 시작점이 되며, 스튜어트가 집필한 서론과 결론부의 참고 도서 소개로 그 가치를 더욱 빛낸다.

마이클 맥클리몬드 세인트루이스 대학교 현대 기독교학 교수

이 매혹적인 책은 예수님의 십자가에 대한 우리의 이해를 깊어지게 하고 재조정한다. 라이트의 총체적 속죄는 정말로 새로운 깨달음을 주고, 개더콜의 대리적 속죄는 사고를 자극한다. 그리고 주의 만찬에 대한 스튜어트의 견해는 우리의 생각을 풍성하게 한다. 여러 속죄론 사이에서 씨름하는 그리스도인이라면 이 책을 읽어야 한다.

앤드류 박 *Triune Atonement* 저자, 유나이티드 신학대학원 신학과 윤리학 교수

유머 감각이 있으며 기민하고 박식하고 진지한 두 학자의 흥미진진한 대화는 교회가 어떻게 사고해야 하는지를 보여 주는 본보기다. 속죄라는 주제는 여전히 공식으로 표현할 수 없는 신비이며 그렇기에 교회는 이 주제에 대해 확정적으로 선언한 적이 없다. 하지만 이 신학자들의 심사숙고는 첫째, 신실한 사고를 어떻게 해야 하는지 둘째, 그리스도께서 주장하신 바가 얼마나 깊은지 셋째, 진지하면서도 관대한 사고가 어떻게 새로운 가능성을 만들어 내는지를 보여 준다. 이 반가운 대화는 이후의 작업을 위한 창의적인 초안을 그리고 있다. 이 책은 깊은 믿음과 담대한 사고의 실천이며 교회는 이제 이러한 실천을 신선한 방식으로 해 나가야 한다.

월터 브루그만 컬럼비아 신학교 윌리엄 마르셀루스 맥피터스 구약학 명예교수

혁명의 십자가
대속의 십자가

IVP(InterVarsity Press)는
캠퍼스와 세상 속의 하나님 나라 운동을 지향하는
IVF(InterVarsity Christian Fellowship)의 출판부로
생각하는 그리스도인을 위한 문서 운동을 실천합니다.

Originally published by Westminster John Knox Press
as *What Did the Cross Accomplish?*
by N. T. Wright, Simon Gathercole and Robert Stewart
ⓒ 2021 by Westminster John Knox Press
Translated and printed by permission of Westminster John Knox Press
All rights reserved.

This Korean translation edition ⓒ 2022 by Korea InterVarsity Press
156-10 Donggyo-ro, Mapo-gu, Seoul 04031, Republic of Korea.

혁명의 십자가
대속의 십자가

❖
예수의 죽음은 무엇을 성취했는가
❖

N. T. 라이트
·
사이먼 개더콜
·
로버트 스튜어트

박장훈 옮김

Ivp

매기,
로지,
매릴린을 위해

예수님의 죽음은 어둠의 권세를 무너뜨려 우주적이고 세계적인 혁명을 일으킨 위대한 행위로서 새로운 세상을 출범시킨다. 이 새 세상은 자유, 용서, 새 창조가 번성하고 넘치는 곳으로서 여전히 우상숭배에 의존하고 있는 모든 권력 체계에 맞서고, 사망 자체를 무찌르시는 하나님의 궁극적인 승리가 올 것을 세상에 확신시킨다.

― N. T. 라이트

십자가, 즉 우리의 죄들(sins)을 위한 예수님의 죽음이 "성경대로" 일어났다는 것은 무슨 뜻인가? 구약성경의 틀을 형성하는 한 원리를 말하자면, 구약성경 내내 불순종은 죽음에 이르게 한다는 것이다. 이것은 에덴동산에서 아담과 하와의 불순종과 이스라엘의 불순종, 이방인의 불순종 모두 해당한다. 복음의 경이는 우리의 죄와 죽음 사이의 이 연결고리가 부서졌다는 것이다. **그리스도가 우리의** 죄를 위해 죽으셨다. 대리 개념이 복음의 중심에 있다. 그리스도가 죽으셨기 때문에 우리는 죽을 필요가 없다. 그리스도가 우리의 죄를 짊어지셨기 때문에 우리는 그럴 필요가 없다.

― 사이먼 개더콜

속죄에 대한 사도들의 처음 가르침은 명제적이기보다는 행위적이었다. 간단히 말하면, 예수님을 따른 최초의 제자들은 주의 만찬을 시행할 때마다 속죄 신학에 참여했다. 어떤 복음서도 기록되기 전에, 신약성경의 어떤 책도 쓰이기 전에, 심지어는 바울의 다마스쿠스 도상 체험이 있기도 전에, 그리스도인들은 정기적으로 만나서 속죄 은유로 가득 찬 식사 예식에 참여했던 것이다.

― 로버트 스튜어트

차례

감사의 말 • 13

신학, 세계관, 그리고 십자가를 기념하는 식사 • 17
신학적 방법론과 속죄 (로버트 스튜어트)
신학과 세계관 • 20　　속죄와 주의 만찬 • 38

속죄의 의미 • 47
N. T. 라이트와 사이먼 개더콜의 대화
N. T. 라이트: 시작 발제 • 49　　사이먼 개더콜: 시작 발제 • 68
주장과 반박: 토론 • 82

질의응답 • 107

두 번째 날 • 139
마무리 논평, 질의응답

심화 연구를 위한 책 소개 • 161
로버트 스튜어트 모음
속죄에 대한 고전적 작품들 • 163　　다른 자료들 • 167

인물 및 주제 찾아보기 • 181
성경 찾아보기 • 186
옮긴이 해설 • 189

일러두기

이 책은 제14회 그리어-허드 주장과 반박 포럼(Greer-Heard Point-Counterpoint Forum)을 녹취한 책이다. 이틀간의 포럼 실황이 순차적으로 실려 있다. 단, 두 번째 날의 첫 순서인 (더글러스 무, 마이클 호튼을 비롯한) 학자 간 대화는 책에 포함되지 않았다. 책으로 출간되면서 로버트 스튜어트의 서문과 심화 연구를 위한 책 소개가 추가되었고, 한국어판에는 옮긴이 해설이 함께 실렸다.

감사의 말

글로 다른 이들에게 감사를 표하는 것은 항상 걱정스럽다. 마땅히 감사드려야 할 사람을 실수로 빠뜨릴까 두렵기 때문이다. 하지만 공적으로 감사를 표하고 찬사를 보내야 할 많은 분이 계셔서 이 글을 계속해야 할 것 같다. 이 책에 담긴 대화는 열네 번째이자 마지막으로 열린 그리어-허드 주장과 반박 포럼(Greer-Heard Point-Counterpoint Forum)에서 이뤄졌다. 그리어-허드 포럼은 2005년 뉴올리언스 침례 신학대학원(New Orleans Baptist Theologial Seminary, NOBTS)에서 5년간의 시험 프로젝트로 시작되었다. 이 포럼은 빌 그리어-허드와 캐럴린 그리어-허드의 후한 기부금으로 개최될 수 있었고 그들의 부모를 기념하여 이름을 지었다. 첫 번째 그리어-허드 포럼은 2005년 3월에 열렸고 N. T. 라이트와 존 도미니크 크로산(John Dominic Crossan)을 초청해 예수님의 부활을 주제로 대화를 나누었다. 그러므로 마지막 그리어-허드 포럼에 N. T. 라이트를 다시 초청한 것은 적절해 보인다.

　빌과 캐럴린은 5년간의 시험 기간 동안 얻은 결과에 기뻐했던 것이 분명하다. 지금까지 총 열네 번의 포럼이 열렸으니 말이다. 따라서 우리는 빌 허드와 캐럴린 허드에게 가장 먼저 감사를 표해야 마땅하다. 이들의 열정 덕분에 대표적인 학자들을 초청하여 포럼을 개최할 수 있었고, 학자들은 균형 잡힌 경기장에서 서로를 존중하며 믿음과 문화에 관한 중요한 주제를 토론할 수 있었다. 이들이 없었다면 믿음과 문화에 대한 그리어-허드 주장과 반박 포럼(Greer-Heard Point-Counterpoint Forum in Faith and Culture)은 실현되지 못한 채 꿈으로만 남았을 것이다.

　이 포럼은 NOBTS의 프로비던스 평생 교육원(Providence Learning Centre) 책임자인 에밀리 슬로안 자렐과 소속 직원들의 노력이 없었다면 성공적으로 열리지 못했을 것이다. 이 행사를 녹음하고 녹화해 준 NOBTS의 배니 도레와 미디어팀 직원들께도 감사드린다.

　브라이언 슐러는 포럼의 대화 녹취록 초본을 마련해 주었다. 그는 녹취록 준비뿐 아니라 다른 일들도 열정적으로, 실수 없이 해 주었고, 이에 대해 감사의 말을 전한다. 마지막 그리어-허드 포럼에 관련된 수많은 세부사항에 도움을 준 래니 킹 앤더슨에게도 감사드린다. 지금은 고인이 된 윌리엄 잭슨 3세도 포럼의 실행 계획에 큰 도움을 주었다. 또한, 머리사 엘리아스 윌슨, 데이비드 갬블, 그리고 미카 정은 로버스 스튜어트가 연구 자료를 확보하는 데 도움을 주었다. 미카는 찾아보기도 준비해 주었다.

마이클 맥클리몬드는 속죄를 다룬 자신의 출간 전 논문을 로버트 스튜어트에게 보여 주었고, 칼 모서는 이 주제와 관련해서 로버트 스튜어트와 몇 차례 면밀하게 대화를 나눴다. 이들에게 고마움을 전한다. 애덤 하우드와 라인 푸트먼은 로버트 스튜어트가 쓴 장의 초고를 다 읽고 격려와 도움이 되는 의견을 주었다.

우리는 웨스트민스터 존 녹스 출판사의 다니엘 브레이든에게 큰 감사를 표한다. 그는 중요한 주제들을 편견 없고 정중하게 나눈 대화에 열광했고, 이 책을 출판하는 데 관심을 보여 주었다. 이뿐 아니라 그는 질문에 항상 제때 답했고 조언과 격려도 아끼지 않았다. 웨스트민스터 존 녹스 출판사의 줄리 토니니, 내털리 스미스, 그리고 데이비드 가버의 도움에도 감사를 표한다.

언제나 그렇듯 우리의 아내들에게도 감사해야 한다. 그들의 지지는 한결같다. 그들에게 이 책을 헌정한다.

신학, 세계관, 그리고
십자가를 기념하는 식사

❖
신학적 방법론과 속죄
❖

로버트 스튜어트

신학은 무엇인가? 그리고 신학자의 역할은 무엇인가? 이 질문에 대답하기란 쉽지 않다. 하지만 매우 중대한 질문이다. 첫 번째 질문에 대한 가장 흔한 답은 아마도 "신학은 하나님을 연구하는 학문이다"일 것이다. 물론 이것이 '신학'이라는 단어의 어원이다. 하지만 이 단어의 구성 요소를 이해한다고 신학이 무엇인지 파악할 수는 없다. '나비'라는 단어의 구성 요소를 이해한다고 해서 그 놀라운 생명체를 파악할 수 없는 것과 마찬가지다.[1]

어느 유명한 조직신학 교과서는 이 질문에 이렇게 답한다. "조직신학은 어떤 주제에 대해서든 '성경 전체가 오늘날 우리에게 가르쳐 주는 것은 무엇인가?'라는 질문에 답하는 학문이다."[2] 이 대답은 신학의 임무에 대한 불완전한 관점이거나, 아마도 근시안적 관점에 지나지 않을 것이다. 왜냐하면 성경은 하나님이 우리에게 성경만이 아니라 자연과 역사를 통해서도 말씀하신다고 전하기 때문이다. 하나님이 성경뿐만 아니라 자연을 통해서도 말씀하신다면 신

---

[1] ＿＿ 열네 번째로 개최된 그리어 허드 포럼의 첫 순서에는 N. T. 라이트와 사이먼 개더콜이 속죄에 대해 대화를 나눴고 이어서 질의응답 시간도 가졌다. 이 포럼은 2017년 11월 10-11일에 뉴올리언스 침례 신학대학원에서 열렸다. 이 책의 서론에 이어서 등장하는 대화는 그날 있었던 대화를 녹취한 것이다. 독자의 편의를 위해서 글이 더 잘 읽히도록 문법적으로 조금 편집했다.

[2] ＿＿ Wayne Grudem, *Systematic Theology: An Introduction to Biblical Doctrine* (Grand Rapids: Zondervan Academic, 1994), p. 21.『웨인 그루뎀의 조직신학』(은성).

학자들은 자연의 말에도 귀 기울이려고 애써야 하지 않을까?

나는 이 서문에서 신학을 궁극적으로 정의하려는 것이 아니다. 신학적 방법론에 대한 포괄적 설명은 고사하고 간단한 설명조차도 제공할 만한 여분의 지면이 없다. 하지만 내가 확신하는 바는 신학이 무엇인가에 대한 이해가 신학을 어떻게 해야 하는가에 대한 생각을 적어도 부분적으로라도 결정해야 한다는 것이다. 신학을 무엇이라고 생각하는지가 신학자로서의 임무를 어떻게 수행해야 하는지에 지대한 영향을 미쳐야 한다. 따라서 내가 이 서문을 쓰는 목적은 소박하다. 신학의 심장에 있는 요소가 무엇인지를 밝혀 신학을 잘할 수 있는 방향으로 한 걸음 나아가기를 바라는 것이다.

신학과 세계관

신학은 세계관을 사고하는 훈련이다. 세계관은 인간 삶에 근본적이다. 세계관은 배꼽과 같다. 누구나 하나씩 갖고 있으며 세계관이 무엇인지 모르는 사람조차도 갖고 있다. 세계관은 기본적 신념들의 집합으로서 이를 통해 우리는 삶 전체를 해석한다. 세계관은 **인식이 일어나기 전 단계에서 시작된다.** 즉, 우리는 세계관을 **종착점**이 아니라 **시작점**으로 삼고 논증을 펼친다. 세계관은 마치 우리가 세상을 보는 안경, 또는 프로그램을 작동하는 컴퓨터의 운영 체제와 같다.

세계관은 본질상 종교적이다. 전통적 개념의 신을 믿지 않는 사람도 궁극적인 **어떤 것**은 믿을 것이다. 예를 들어 '무신론'이라는 단어는 '유신론'이라는 단어를 통해서만 의미가 확보된다. (오늘날 많은 무신론자가 선호하는 '자연주의'라는 말도 '초자연주의'라는 단어와 나란히 쓰인다.) 세계관은 본질상 종교적이기 때문에 세계관끼리 서로 경쟁하고 대립한다. 이는 **세계관이 포괄적이기** 때문이기도 하다. 세계관은 삶 전체를 이해시킨다. 전체는 아니라도 가능한 한 많이 이해시켜 준다. 그뿐 아니라 **세계관은 직설적이다.** 즉, 세계관의 취지는 세상과 삶의 진실을 말해 주는 것이다. 세계관은 세상이 어떠한 상태**인지** 말해 주는 만큼 세상이 어떤 상태가 **아닌지**도 말해 준다.

모든 세계관에는 이야기가 있다. 세계관은 우리 각자와 삶 전체에 대해 이야기한다. 인간은 이야기하는 존재다. 20년 넘게 목사로 섬기면서 내가 항상 놀라는 점은 성도들이 내 설교의 요지는 매우 잘 잊어버리지만 내 가족이나 개인 경험 이야기는 너무나 잘 기억한다는 것이다. 마크 터너(Mark Turner)의 말이 옳다. "이야기는 마음이 작동하는 기본 원칙이다. 우리의 경험, 지식, 생각 대부분은 이야기로 정돈된다."[3] 다시 말해, 이야기는 심리적으로 작용하여 우리의 사고에 영향을 미치고 변화를 일으키는데, 새로운 생각들을 아주 미묘한 방식으로 우리에게 제시함으로 그렇게 한다. 이야기는 명제나 논증이 아니라서 우리의 인지 레이더에 잡히지 않는다. 하지만 이야기는 새로운 생각들을 정상적인 것으로 만드는 힘을 지니고 있다. 이

---

[3] —— Mark Turner, *The Literary Mind* (Oxford and New York: Oxford University Press, 1996), p. v.

야기를 충분히 자주 들으면, 그 내용이 증명되거나 논증되지 않아도, 우리의 생각에 새겨지기 때문이다.

예를 들어 보자. 나는 학생들에게 종종 묻는다. "만약 내가 '오늘 아침에 워프 속도(warp speed)로 운전해서 학교에 왔다'라고 말한다면 여러분은 내가 서둘러 왔다고 생각하겠습니까, 아니면 느긋하게 왔다고 생각하겠습니까?" 그들은 예외 없이 내가 서둘러 왔다고 정확하게 말한다. 나는 다시 묻는다. "만약 내가 '저 사람의 태도는 클링온(《스타 트렉》에 나오는 악한 외계 종족—옮긴이) 같아'라고 말하면, 여러분은 내가 그를 칭찬하고 있다고 생각하겠습니까?" 그들은 내가 칭찬하는 것이 아니라고 언제나 옳게 답한다. 내 말의 뜻을 그들이 아는 이유는 〈스타 트렉〉이라는 드라마에 대한 지식을 공유하고 있기 때문이다. 〈스타 트렉〉이 허구의 이야기이지만 우리의 생각에 영향을 준다는 사실은 변함이 없다.

세계관은 언어 심사관 역할을 한다. 세계관은 현실을 해석하는 방식뿐 아니라 문학과 역사를 해석하는 방식에도 영향을 미친다. 이 사실은 성경 해석에 있어서 특히 중요하다. 예수님의 선한 사마리아인 비유를 보자. 이 비유는 '누가 나의 이웃인가?'라는 질문(눅 10:29)에 대한 예수님의 답변이다. 누가는 질문 자체가 불순하다고 독자에게 말한다. 질문한 사람은 배우기 위해서가 아니라 자신을 정당화하기 위해 노력하는 중이다. 지난 몇 년간의 경험에 비추어 보면 미국 교회들은 이 비유를 대개 초등 교육 방송에서 나올 법한 도덕적인 이야기로 설교하거나 공로주의의 위험을 나타내는 예로 설교한다. 하지만 둘 다 정확하지 않다. 예수님의 청중은 1세기 유대인임을 기억하라. 이들은 이 이야기가 어떻게 진행되고 어떤 방식으로 전개될지를 자신들의 세계관에 근거해 기대했다. 그들의 귀에 이 이야기는 충격적일 만큼 전복적으로 들렸을 것이다. 예수님은 그들을 놀라게 한다. 그들은 제사장과 레위인이 동료 유대인을 도우리라고 기대했을 것이다. 하지만 아무도 돕지 않는다. 그러더니 그들이 이야기의 악역이라고 생각했을 사마리아인이 옳은 일을 행한다. "너도 이와 같이 하라"는 예수님의 말씀은 단순히 그들이 무엇을 행해야 하는지에 관한 명령만이 아니라 그들이 누구를 따라서는 안 되는지에 관한 명령이기도 한 것이다.

난 이 이야기를 학생들에게 이런 방식으로 들려준다. "해도 뜨지 않은 이른 아침, 한 신입생이 뉴올리언스에 도착했습니다. 그는 길을 잃었고 차에 기름도 다 떨어졌습니다. 차에서 내려 기름을 구하려다가 불행히도 강도를 만나 약탈당하고 폭행당했습니다. 몇 시간 후, 신학교 교수가 그의 옆을 지나갔는데 그를 술 취한 사람으로 생각하며 자신에게 말했습니다. '도저히 개선되지 않는 사람들이 있어. 죄의 삯은 사망이야.' 조금 후, 한 신학생이 그 자리를 지나갑니다. 그는 신입생을 도와줄 수 있었지만, 수업에 늦은 상황이었고 마침 그날 아침에 시험이 있었습니다. 그래서 멈추지 못했고 대신 그 사람을 위해 기도했습니다. '주여, 누군가를 보내 이 사람을 도와주소서.' 마지막으로 그 동네 유흥업소의 무신론자 사장이 가던 길을 멈추고 그를 도와주었습니다." 여기까지 이야기하고 나서 나는 학생들에게 말한다. "내가 '동네 유흥업소의 무신론자 사장'이라고 말했을 때 거부감을 느꼈죠? 그것이 바로 예수님이 '사마리아인'을 말했을 때 이야기를 듣던 청중이 가진 느낌입니다."

세계관은 우리가 공유하는 기준틀을 제공한다. 세계관은 중요하다. 성경 본문이 전제하는 세계관 이야기로 들어가지 않으면 성경을 이해할 수 없기 때문이다.

세계관 이야기는 다섯 질문에 답한다.

1. 나는 누구인가?
2. 나는 어디에 있는가?
3. 무엇이 잘못되었는가?
4. 해결책은 무엇인가?
5. (세계관이 들려주는 이야기 속에서) 지금은 어느 시점인가?[4]

이 점을 꼭 주목하자. 세계관이라고 하면서 이 질문들에 답을 주지 못한다면 그것은 세계관이 아니다. 세계관이 맞다고 아무리 항의해

---

[4] 다섯 번째 질문, "지금은 어느 시점인가?"는 '무엇'에 관한 질문이 전혀 아니다. 이것은 '어디'에 관한 질문인데, 지리적인 위치가 아니라 시간적인 위치가 '어디'인지를 묻는 질문이다. 즉, "세상 속에서 내가 어디에 있는가?"를 묻지 않고 "우주적 역사의 흐름 속에서 내가 어디에 있는가?"를 묻는 질문이다.

도 소용없다.

기독교 신학자들은 다음과 같은 질문들에 주목한다.

- 하나님은 어떤 분이고 어떤 존재인가?(신론)
- 자연 세상을 어떻게 이해해야 할 것인가?(창조)
- 나는 누구인가?(인간론)
- 이 세상은 무엇이 잘못되었는가?(죄론)
- 예수님은 누구신가?(그리스도의 인격)
- 예수님은 무슨 일을 하셨나?(그리스도의 사역)
- 성령은 누구시며 어떤 일을 하시는가?(성령론)
- 하나님을 안다는 것과 구원받는다는 것이 무슨 뜻인가?(구원론)
- 믿음의 공동체 속에서, 세상 속에서 어떻게 살아야 하는가?(교회론)
- 하나님은 언제, 어떻게 세상의 문제를 궁극적으로 바로잡으실 것인가?(종말론)

기독교 신학자의 임무는 이 모든 질문에 대한 답을 일관성 있는 전체로 엮어 내는 이야기를 들려주는 것이다. 신학자는 하나님과 창조에 관한(나는 어디에 있는가?) 이야기를 해야 하고, 인간과(나는 누구인가?) 죄에 관한(이 세상은 무엇이 잘못되었는가?) 이야기, 그리고 그리스도, 구원, 성령, 종말에 관한(하나님이 세상을 바로잡기 위해 무엇을 하셨고, 무엇을 하고 계시며, 무엇을 하실 것인가?) 이야기를 해야 한다. 이렇게 이야기를 들려줌으로써 우리가 하나님의 이야기 속에서 역사적이고 실존적인 위치를 찾도록(어느 시점에 있는가?) 해 주어야 한다. 세계관이 나타내는 큰 이야기에 관심 없이 신학을 한다면, 그 결과는 신학적 내용을 담은 단절된 장면 더미가 된다. 전체적인 이야기는 해결되지 못하며 오직 부분적으로만 이해된다. 이 조각들 자체로는 대부분 옳다 할지라도 우리에게는 아직도 "그래서 어쩌란 말인가?"라는 질문이 남는다. 세계관 없이는 의미와 목적을 파악할 수 없다.

세계관에는 상징적인 면이 있다. 우리는 자신의 가장 중요한 신념들을 상징으로 표현한다. 상징은 우리가 공유하는 경험을 담아내는데, 우리의 이야기를 잘 아는 사람들과 소통하는 형태를 띤다. 상징이 시각적일 필요는 없지만, 시각적인 경우가 흔하다. 상징이 되기 위해서는 이야기 전부, 혹은 이야기의 핵심 지점을 요약해야 하고, 이야기 속에서, 혹은 이야기의 중요한 순간에서 생기는 질문들에 대한 답을 포함해야 한다. 좀 더 구체적으로 말하면, 이 핵심 지점과 질문에 대한 답들을 하나의 표시나 의례, 혹은 적절한 표현으로 만들어야 한다. 내 왼손의 반지는 나와 내 아내가 살아 있는 한 내가 오직 아내 매릴린에게만 속한다고 세상에 말한다. 이 반지가 결혼 자체는 아니지만, 나 자신에게 그리고 반지를 보는 모든 이에게 내가 언약 관계 속에 있는 결혼한 남자임을 알려 준다.

상징은 스마트폰을 가지고 있고 사용할 줄 아는 문화에서는 낯선 개념이 아니다. 스마트폰에서 애플리케이션을 사용할 때 애플리케이션의 이름이 열거된 목록으로 찾는 사람은 없다. 우리는 그저 화면에 가득한 아이콘(상징)을 훑어보며 그 아이콘이 나타내는 애플리케이션의 기능을 파악한다. 우리가 페이스북에서 생일, 결혼, 졸업, 승진 등과 같이 친구들의 인생에서 중요한 사건을 접하는 방법은 그들이 게시한 사진을 살피는 것이다. 이 사진들은 중요한 사건의 본질을 한눈에 담아내는 상징이다.

예수님은 제자들에게 기념비적으로 중요한 상징 두 가지를 주셨는데, 바로 주의 만찬과 세례다. 이 둘은 기독교 이야기의 핵심, 즉 십자가와 부활을 말이 아닌 시각적인 형태로 나타내는 의식이다. 세계관 상징의 중요성은 잠시 후 다시 다룰 것이다.

세계관은 윤리적 길잡이 역할도 한다. 어떤 세계관이든 불가피하게 윤리적인 면이 존재한다. 브라이언 왈쉬(Brian Walsh)와 리처드 미들턴(Richard Middleton)은 이렇게 말한다. "삶에 대한 비전이나 세계관이라고 하면서 개인이나 사람들이 특정한 방식으로 살도록 실제로 인도하지 못한다면 그것은 절대 세계관이 아니다."[5] 즉 **세계관은 인식론에 관련된 만큼이나 윤리와도 연관성이 있다는 것이다.** 세계관은 이론적이고 관념적이기만 하지 않다. **세계관은 규범적인 이야기를 들려준다.** 단순히 허용될 만한 삶의 방식을 말하는 것이 아니라 올바른 삶의 방식을 알려 준다. 바꿔 말하면, 세계관에는 행동적

---

[5] ── Brian J. Walsh and J. Richard Middleton, *The Transforming Vision: Shaping a Christian World View* (Downers Grove, IL: IVP Academic, 1984), p. 32. 『그리스도인의 비전』(IVP).

이고 실제적인 측면이 있다. 세계관은 그저 말로 고백하는 것이 아니라 삶으로 살아 내는 것이다.

그러므로 세계관은 실천적(praxis) 요소를 담고 있다. 세계관은 말로 고백하는 만큼 행동으로 드러나야 한다. 환언하면, 실천(실제로 어떻게 사는지)은 세계관 분석에서 거짓말 탐지기다. 밴스 해브너(Vance Havner)의 말이 옳다. "당신이 오늘 하는 행동이 당신이 정말로 믿는 것이다. 그 밖의 모든 것은 그저 종교적인 말뿐이다."**6**

이는 신학을 제대로 하면 단순히 새로운 생각만이 아니라 새로운 삶을 낳는다는 것을 뜻한다. 이러한 신학은 생각을 자극할 뿐 아니라 삶을 변화시킨다. 신학을 올바르게 한다면 단순히 실험적 사고만이 아니라 선교도 하게 된다. 신학을 잘하면 "그래서 어쩌라는 말인가?"라는 질문에 "가서 이렇게 하라"는 답을 줄 수 있다. 따라서 신학자들은 어떤 한 교리의 결론에 도달할 때 그것이 전체 이야기 안에서 이해될 수 있고, 또한 그 결론이 우리에게 전체 이야기를 이해시키는 방식으로 작업해야 한다. 바꿔 말하면, 부분을 전체에 비추어(또한 그 반대로도) 이해함으로써 둘이 서로 꼭 들어맞게 하여 그 결과로 우리의 삶이 전향되게 해야 하는 것이다.

이러한 이유로, 『신약성서와 하나님의 백성』(*The New Testament and the People of God*, CH북스)을 처음 읽었을 때 나는 삶이 바뀌는

---

6 ⎯ 밴스 해브너(1901-1986)는 미국의 전도자였다. 그는 종종 설교에서 이렇게 혹은 이와 비슷하게 말했다. 나는 회심 전후로 그의 설교를 들을 기회가 한 번 이상 있었다.

경험을 했다.7 이 책에서 나는 신학이 세계관과 연결되어 그 안에서 역사와 언어가 통합되는 모델을 분명히 보았다. 이 모델은 신학과 윤리학이 어떻게 조화되며 창조, 구속, 종말, 선교가 어떻게 생명을 위한 하나님의 커다란 비전의 일부가 되는지를 보여 주었다. 그리고 나는 이것이 모든 문화와 시대에 적용된다는 것을 깨달았다. 신학의 임무를 숙고하면 할수록 나는 N. T. 라이트의 기본적인 모델이 옳다고 더욱 강하게 확신하게 된다. 누군가는 라이트가 자신의 모델에 담은 내용에 동의하지 않을 수 있다. 그의 결론을 거부할 수도 있고 그의 모델을 강화할 수도 있다. 하지만 누군가 내게 신학을 하는 방법에 관한 더 포괄적인 모델을 제시하기 전까지, 즉 설명하는 능력이 더 뛰어나고, 이론을 삶을 위한 선교로 전환하는 데 더 효과적인 모델을 제시하기 전까지 나는 신학의 방법과 목적에서 라이트가 기본적으로 옳다고 확신한다.

따라서 신학자는 교리를 연구할 때 모든 점을 연결할 수 있도록 최선을 다해야 한다. 신학책에서 교리들이 구별될 수는 있지만, 분리되어서는 안 된다. 어떤 교리도 다른 교리들과 떨어져 존재할 수 없다. 한 교리에 내려진 결론은 불가피하게 다른 교리들에 영향을 미친다. 이 책의 주제인 속죄(atonement)를 생각해 보자. 죄를 어떻게 생각하느냐에 따라 구원에 대한 이해가 바뀔 것이다. 하나님을

---

7 ＿＿ N. T. Wright, *Christian Origins and the Question of God*, vol. 1, *The New Testament and the People of God* (Minneapolis: Fortress Press, 1992), 특히 pp. 3-144. 『신약성서와 하나님의 백성』(CH북스).

어떻게 생각하느냐에 따라 인간을 어떻게 생각하는지가 정해진다. 그리고 당연히 그리스도의 인격을 어떻게 이해하느냐에 따라 그의 사역을 어떻게 생각하는지가 달라진다. 이러한 예는 무수히 많다.

신학자는 자신이 가진 전제를 인식하지 못할 때 큰 위험에 처한다. 모든 신학자는 세계관을 가지고 있고 그것은 사고 이면에 있다. 우리가 우리의 세계관을 만든 것이 아니다. 그저 가지고 있는 것이다. 세계관은 비판받을 수 있고 변경될 수 있지만 피할 수는 없다. 아타나시우스, 안셀무스, 아벨라르, 루터, 칼뱅, 그로티우스, 아울렌과 같은 신학자들 모두 그들만의 전제를 가지고 있었고 이 전제는 그들이 십자가를 이해하고 자신의 신념을 표현하는 방식에 영향을 미쳤다. 세계관과 세계관에 의해 생성된 전제를 인식하는 것은 어떠한 교리를 연구하든 상당히 중요하며 특히 속죄 교리 연구에서는 더욱 그렇다.

속죄에 관해 속량(ransom)설과 총괄갱신(recapitulation)설을 주장한 교부 신학자들은 당시 조직적인 기독교 박해와 이원론적 형이상학에 영향을 받았다. 이 이원론적 형이상학은, 기독교가 생겨난 최초 몇 세기 동안 모든 곳에 있었다고 보이는 영지주의의 여러 학파에 등장한다.[8] 안셀무스는 당시 봉건 제도의 영향을 받아서 명예

---

[8] 이 주제에 대한 간략한 논의와 심화 연구에 유용한 참고 문헌 목록은 다음의 책에서 찾을 수 있다. Ben Pugh, *Atonement Theories: A Way through the Maze* (Eugene, OR: Cascade Books, 2014), pp. 1-25.

와 만족 개념으로 속죄를 설명했다.[9] 루터와 칼뱅 같은 신학자도 자신이 속한 문화에 영향을 받았으며 오늘날도 마찬가지다. 내가 이 이야기를 하는 것은 과거와 현재의 신학자들을 비판하기 위해서가 아니라, 단지 어떤 신학자도 진공 상태에서 신학을 하지 않는다는 점을 강조하기 위해서다. 신학자는 그가 속한 문화에 반응하고 그 문화는 그에게 영향을 준다. 우리도 그렇다. 다시 말해 우리 중 누구도 우리가 속한 문화 밖으로 완전히 나갈 수 없다. 문화 속에 있는 어떤 구체적인 이념을 거부할 수는 있지만, 그렇게 할 때도 우리는 우리의 문화에 속한 자로서 문화가 인식하고 어느 정도는 만들어 내기도 하는 용어와 방법을 사용한다. 전제는 그저 다른 사람들만이 가지고 있는 것이 아니다.

그렇기에 신학자는 다른 사람의 신념을 회의하는 만큼 자신의 회의주의 자체도 회의해야 한다. 의심의 해석학을 건강하게 발휘해야 한다. 하지만 건강한 의심의 해석학과 해석학적 피해망상은 다르다. 해석학적 피해망상은, 진리에 대한 모든 주장이 권력 대결에 지나지 않는다거나 진리를 안다고 주장하는 자의 잠재의식적 욕망을 표출하는 것이라고 생각하게 한다. 건강한 의심의 해석학은 모든 인간과 사회가 힘을 추구한다는 점과 그렇기에 그들이 다른 관점에 맞닥뜨릴 때 권력을 쟁취하거나 유지하려고 애쓴다는 점을 인정한다. 하지만 건강한 의심의 해석학은 이 이유 하나만으로, 어떠

---

[9] 속죄 교리의 역사를 연구한 조직신학자들이 안셀무스가 봉건 제도에서 받은 영향을 과장해 온 것이 사실이다. 그렇다 하더라도 안셀무스가 영향을 받았다는 점은 부인할 수 없다.

한 주장이 진리를 주장하기 때문에 자동적으로 거짓이라고 결론짓지 않는다. 건강한 의심의 해석학은 이렇게 질문한다. "당신이(혹은 내가) 다른 해석이 아닌 이 해석을 취함으로써 무엇을 얻는가?" "이 점에 대해서 내가 왜 당신을(혹은 당신이 왜 나를) 믿어야 하는가?" 반면 이렇게 말하지는 않는다. "당신이 당신의 신념에서 얻는 이익이 있기 때문에, 당신이 내리는 결론은 부당하다." 어떤 사람은 진리에서 얻는 이익이 있을 수 있다. 하지만 그것이 진리의 정당성 자체에 영향을 주지는 않는다. 예를 들어, 내 아내가 나를 사랑한다는 믿음에 나는 엄청난 양의 감정적 에너지를 투자했고 계속해서 많은 이익을 얻고자 한다. 하지만 이것은 근거 없거나 순진한 믿음이 전혀 아니다. 나와 다른 사람들은 이 믿음을 입증할 수 있는 상당한 양의 증거를 지난 36년간 확보했다. 의심과 피해망상은 같은 것이 아니다. 의심하는 것은 숨은 동기를 막고 믿음에 필요한 증거를 먼저 찾기 위함이다. 피해망상은 입증할 증거가 없음에도 어떤 숨은 동기와 연결된 결론을 믿는 것이다. 의심은 회의론과 비슷하다. 회의론은 믿음의 근거를 요구한다. 피해망상은 믿을 이유가 있음에도 믿지 않는 냉소주의를 더 닮았다.

속죄 교리는 내가 주장하는 바를 시험할 수 있는 이상적 주제다. 십자가는 그리스도인에게 핵심 주제다. 하지만 십자가가 기독교 신학의 중심이라는 사실이, 이렇게 이야기해도 될지 모르겠지만, 좀 이상하지 않은가?

바울이 고린도에 왔을 때, 그가 하나님의 위대하심도 아니고 하나님의 사랑이나, 심지어는 하나님의 법도 아니고 오직 예수님의 십자가 죽음을 선포하겠노라고 작정한 것이 좀 이상하지 않은가? 예수님은 그전에 있었던 수많은 '메시아들'처럼 메시아를 자처하다가 잔인하게 죽임당했는데 말이다. 고린도전서의 끝부분에서 바울이 "내가 받은 것을 **먼저** 너희에게 전하였노니 이는 성경대로 그리스도께서 우리 죄를 위하여 죽으시고"라고 말한 것도 이상하지 않은가?[10] 예수님은 어떤 죽음을 겪었는가? 고대 그리스-로마 세계에서 매우 천한 죽음 중 하나였던 십자가형은 너무나도 비천해서 로마 시민에게는 거의 내려지지 않는 형벌이었다.[11] 십자가형은 비효율적인 형태의 처형으로 악명 높았지만 그럼에도 위협하는 데는 아주 효과적인 방법이었다. 십자가형을 당하는 사람들은 굴욕적이고 고통스러운 죽음을 겪을 뿐 아니라 대개는 정식적인 매장도 허락되지 않았다.[12] 시체를 어떻게 다루어야 할지에 대해 대부분의 종

---

10 ⎯⎯ 고린도전서 15:3이며 강조를 추가했다. 많은 사람이 이 부분을 신조 혹은 초기 교회가 정리한 교리적 공식으로 생각했다. 만약 이것이 사실이라면 이 주장은 더 이상해지는데 왜냐하면 초기 교회가 처음부터 그들이 따르는 지도자의 죽음을 선포한 것이기 때문이다.

11 ⎯⎯ 키케로(Cicero)는 *In Verrem* 2.5.63에서 푸블리우스 가비우스라는 로마 시민을 베레스가 십자가형으로 죽인 사건을 언급한다. 이 언급이 베레스의 재판에서 키케로가 베레스를 반박하는 연설 가운데 나온다는 사실은 베레스의 십자가 처형이 아마도 불법이었음을 알려 준다. (이 기록으로부터 어떤 결론을 내리든 꼭 염두에 두어야 할 점은 키케로가 뛰어난 정치가였다는 사실이다.) 이 예외적인 자료를 알려 준 사이먼 개더콜에게 감사를 표한다.

12 ⎯⎯ 유대인의 죽음에는 예외가 자주 허용되는 편이었다. 다음의 글은 이에 대한 많은 정보를 준다. Craig A. Evans, "Getting the Burial Traditions and Evidences Right," in *How God Became Jesus: The Real Origins of Belief in Jesus' Divine Nature— A Response to Bart D. Ehrman*, ed. Michael F. Bird (Grand Rapids: Zondervan Academic, 2014), pp. 71-93. 『하나님은 어떻게 예수가 되셨나?』(좋은씨앗). 이 사실은 중

교가 엄격한 지침을 갖고 있던 당시 문화에서, 십자가형은 사실상 다음과 같은 선포였다. "너희가 선호하는 신을 택하게는 해 주겠다. 그러나 이것만은 기억하라. 가이사(Caesar)가 주다!" 하지만 예수님은 십자가에서 죽은 후 죽은 자 가운데서 살아나심으로 이 선포를 완전히 뒤집었다. 마치 "이것이 네가 만들 수 있는 최악의 상황이냐?"라고 말하는 듯하다. 그 결과 그의 제자들은 가이사가 아닌 예수님이 주라고 담대하게 선포했다. 이것이 이상하지 않은가?

예수님은 제자들에게 자기의 죽음을 기념하는 식사에 참여하라고 직접 지시했는데 이 또한 이상하지 않은가?[13] 사실상 이상한 점은 **속죄에 대한 사도들의 처음 가르침이 명제적이기보다는 행위적이었다는 것이다.** 간단히 말하면, 예수님을 따른 최초의 제자들은 주의 만찬을 시행할 때마다 속죄 신학에 참여했다. 어떤 복음서도 기록되기 전에, 신약성경의 어떤 책도 쓰이기 전에, 심지어는 바울의 다마스쿠스 도상 체험이 있기도 전에, 그리스도인들은 정기적으로 만나서 속죄 은유로 가득 찬 식사 예식에 참여했던 것이다. 이뿐 아니라, 만약 사도행전 2:42과 46절에서 말하는 떡을 떼는 행위를 주의 만찬으로 본다면, 누가가 성령의 임재와 능력을 사도들의 가

요한데 왜냐하면 유대인에게 십자가형이나 "나무에 달려" 죽게 하는 것은 그것만으로 그 사람을 저주하기에 충분했기 때문이다(신 21:22-3; 갈 3:13).
[13] ─── 여기서 나는 주의 만찬에 대한 로마 가톨릭의 화체설, 루터의 공존설, 그리고 개혁주의의 영적 임재설에 반대하여 츠빙글리의 '기념적' 관점을 주장하는 것이 아니다. 나는 그저 주의 만찬에 어떤 관점을 취하든지 주의 만찬 자체가 예수님의 십자가 죽음을 기념하여 시행된다는 점을 말하려는 것이다.

르침과 회심 사건들뿐만 아니라 성찬식에도 동등하게 연결했다고 볼 수 있다.

주의 만찬은 교회가 탄생하면서부터 시행되었다. 그뿐 아니라 고린도전서 11:23에서 바울은 그와 예수님이 주의 만찬에 대해 똑같이 가르쳤음을 강조한다. 그는 이렇게 말한다. "내가 너희에게 전한 것은 주께 받은 것이니…."[14] 아마도 그렇다면 속죄를 이해하기 위한 시작점은 예수님이 우리에게 준 속죄의 상징인 주의 만찬이다.

가장 최초의 신학 형태라고 해서 반드시 가장 정확하거나 권위적이거나 온전하지는 않다. 특히 점진적 계시를 믿는다면 더욱 그렇다. 예를 들어, 삼위일체 교리가 하나님의 존재에 대한 기독교 신념의 진화(어떤 것에서 다른 것으로 변화)를 나타내는 것이 아니라 항상 성경 속에 있던 진리의 발전, 더 충만한 이해, 더 온전한 표현을 나타낸다고 믿는다면, 니케아 공의회의 성부, 성자, 성령에 대한 이해가 복음서에 명시적으로 언급되지 않았다는 단순한 이유로 삼위일체를 부정하지는 않을 것이다. 또 한편으로는, 가장 최신의 가르침이 가장 완전하거나 옳거나 권위적이라고 가정해서도 안 된다. 여전히 시간적 우선성은 중요해 보인다. 사도들의 믿음을 반영하며 보편적으로 행해지는 기독교 의식(practice)이 예수님의 명령이라는

---

[14] 여기서 "내가 너희에게 전한 것은 주께 받은 것이니"라는 말이 바울이 주의 만찬에 대해 어떤 직접적인 계시를 받았다는 뜻인지, 아니면 예수님이 베드로와 다른 이들에게 이것을 가르쳐서 그들이 바울에게 알려 줬다는 뜻인지는 의견이 갈린다. 어떤 경우든 이 가르침이 가지는 권위의 근원은 예수님이다.

점에서 그렇다.

아마도 주의 만찬에 담긴 신학 때문에, 초기 교회는, 최초의 교회는 말할 것도 없고, 그리스도의 사역은 명료하나 그리스도의 인격은 불가사의하고 신비롭다고 생각한 듯하다. 거듭되는 공의회가 성자의 본질과 존재 구성을 다루었지만 어떤 공의회도 그리스도의 사역을 명시적으로 혹은 일차적으로 다루지 않았다. 교부들이 그리스도의 사역을 다루지 않은 이유는 아마도 그들이 이에 대해 명확히 이해해서가 아니라 그저 이 주제에 관한 논란이 없었기 때문인 것 같다. "하나님께서 그리스도 안에 계시사 세상을 자기와 화목하게 하시며"(고후 5:19). 이것을 아는 것으로 충분하다고 그들은 생각했다. 그들은 성찬식에 정기적으로 참여했고 그것으로 충분했다. 아마 그렇지 않았을까?

우리가 명확히 알아야 할 한 가지 사실은 **최초의 교회는 공의회 때의 교회가 아니라는 것이다. 최초의 교회는 정경적 교회다.**[15] 역사적으로 말하면, 오늘날 우리와 미국 초대 대통령인 조지 워싱턴 사이의 시간적 거리보다 니케아 공의회와 예수님 사이의 시간적 거리가 더 멀다. 교부들의 신학을 읽는 것은 물론 유익하지만, 최초로 기

---

[15] 정경적 교회라 함은 기본적으로 사도들의 교회를 말한다. 어떤 사람들은 신약성경의 저자들이 사도들보다 한두 세대 이후의 사람들이며 그래서 '정경적'인 교회가 최초의 교회는 아니라고 반박할지 모른다. 이것은 중요한 문제이지만 여기서 다루기에는 시간이 부족하다. (개인적으로는 전통적인 저자들이 실제로 복음서 저자들이라고 생각한다.) 신약 문서들을 통해서 아는 교회가 우리가 접근할 수 있는 가장 최초의 교회라는 점만 알면 충분하다.

록된 기독교 신학은 신약성경에 있다. 그렇기 때문에 속죄를 가르치는 잘못된 방법은 속죄론을 먼저 조사하는 것이다. 속죄론 연구는 유용하지만 이론을 먼저 공부하는 것이 최선의 방법은 아니다.[16] 사실상, '이론'이라는 단어를 속죄 교리에 사용하는 것은 역사적으로 말하면 비교적 최근 현상이다. 내가 아는 한, 계몽주의 전의 신학자 가운데 십자가에 대한 자신의 가르침을 '이론'이라고 말한 사람은 없다. 대신 그들은 자신들이 이해한 바를 고백했는데, 그것은 예수님의 죽음이 가지는 의미에 관한 성경의 가르침이었다. 속죄론을 분류함으로써 이해에 도움이 되는 점이 있다. 하지만 이러한 도움은 이론이 편의를 위한 약어에 불과하며, 그 자체로 일차적인 신학 진술이 아니라는 점을 인식할 경우에만 유효하다. 그리스도의 죽음이 가지는 의미를 이해하는 것을 마치 아이스크림 가게에서 서른한 가지 맛 중에 하나를 고르는 것처럼 여러 이론 중 하나를 선택하는 문제라고 생각하는 실수를 절대 범해서는 안 된다.

또한 교리의 역사를 연구하는 것과 교리를 만들어 낸 역사, 즉 교리가 시작된 상황을 연구하는 것 사이에는 차이가 있다. 전자의 접근법은 과정을 이해하는 것으로서 '어떻게'라는 질문을 던진다. **"어떻게** 신학자들은 그 모든 시간 내내 속죄 교리를 가르쳤는가?" 후자의 접근법은 이유를 찾는 것으로서 '왜'라고 질문한다. "**왜** 예수

---

16 ──── 하나의 예외는 공간의 제약이 있는 조직신학책의 경우다. 이 경우 교리를 건설적으로 제시하기보다는 (어떻게 교리가 생성되었는지를 보여 주면서) 포괄적으로 소개해 주어야 한다.

님은 그의 죽음을 이러한 방식으로 기념하라고 하셨는가?" 따라서 이론에서 시작하면 안 된다. 성경에서 시작해야 한다.[17] 성경의 권위가 전통의 권위보다 더 크다. 사실 전통에는 고유한 권위가 없다. 전통의 막대한 중요성을 부인하는 것이 아니다. 전통은 우리가 오늘날 신학을 하는 데 필요한 정보를 주며 더 크고, 더 오래되고, 더 다양한 공동체와 대화하도록 해 준다. 학자는 다른 어떤 그리스도인도 보지 못한 것을 알아냈다는 생각이 들 때마다 항상 조심해야 한다. 신학자들이 전통을 무시하는 것은 위험한 일이다. 하지만 **성경**을 무시하는 것은 훨씬 더 위험하다.

속죄와 주의 만찬

그렇다면 주의 만찬은 속죄에 대해 우리에게 무엇을 가르쳐 주는가? 여기서는 주의 만찬이나 이와 관련된 성경 본문을 충분히 설명할 수 없다. 내 의도는 단지 주의 만찬을 다루는 몇몇 구체적인 신약성경 본문(고전 11:17-34, 특히 23-24절; 마 26:26-29; 막 14:22-25; 눅 22:14-23)에서 분명히 드러나는 아주 포괄적인 신학적 윤곽을 가리키는 것이다.

먼저 알아야 할 사항은, 주의 만찬을 명령하시는 예수님의 말과 행동을 기록한 바울 서신과 공관복음 본문 사이에는 철자 그대로는

---

[17] ___ 하지만 성경을 연구할 때 문맥, 문화적 배경, 저자의 의도 등(즉, 세계관 문제들)에 관한 비판적인 질문과 씨름할 필요가 있다. 나는 여기서 단순한 성경주의를 주장하는 것이 아니다.

아니지만 상당한 일치가 발견된다는 것이다. 차이가 있지만, 차이점보다 일치되는 점이 더 분명하다. 대리(substitution) 개념과 용어가 이 모든 기록에서 나오지만 가장 명료한 표현은 누가복음에 나오는 떡에 대한 예수님의 말, "이것은 너희를 위하여 주는 내 몸이라"(22:19)에서 발견되고, 또한 잔에 대한 예수님의 말, "이 잔은 내 피로 세우는 새 언약이니 곧 너희를 위하여 붓는 것이라"(22:20)에도 나온다.[18] 고린도전서 본문에서는 대리의 언어가 떡과 연결된다. "이것은 너희를 위하는 내 몸이니"(11:24). 마태복음과 마가복음에서는 포도주에 대한 예수님의 말에서 표현된다. 기본 개념이 공유되고 있는 것이다.

하지만 주의 만찬에는 대리 개념만 있는 것이 아니다. 언약적 긍휼의 개념 또한 전면과 중앙에 나온다. 잔을 나누는 것은 언약(혹은 새 언약)에 대한 인식을 보여 준다.[19] 주의 만찬은 신자에게 예수님이 그들을 위해 하신 일을 상기시키고 또한 하나님이 어떻게 약속을 지키심으로 자신의 언약적 신실하심을 보이셨는지를 상기시키

---

[18] 누가복음 22:19-20에는 중대한 사본학적 이슈가 있다. 이에 대한 브루스 메츠거의 논의는 *A Textual Commentary on the Greek New Testament*, 2nd ed. (Stuttgart: United Bible Societies, 1994), pp. 148-150에 나온다.『신약 그리스어 본문 주석』(대한성서공회). 하지만 이 본문을 누가의 글에 나중에 추가된 것으로 본다 해도 내 요지는 영향을 받지 않는다.

[19] 여기 고린도전서 11:25과 누가복음 22:20에 의하면 잔은 "새 언약의 잔"이다. 반면 마태복음 26:28과 마가복음 14:24는 단순히 "나의 피, 곧 언약의 피"라고 말한다. 내 견해는 마태복음과 마가복음은 예수님이 하신 말씀을 반영하고, 고린도전서와 누가복음은 예수님이 하신 말씀의 뜻을 표현한다. 어찌 됐든 이 둘의 표현은 달라도 내용은 일치한다. 이 차이는 모순이 아니다.

는 의식이다.

예수님이 이 만찬을 제정하신 배경은 유월절이었다. 의심할 여지 없이 예수님의 의도는 자기가 유월절 제사에 쓰일 양이고 자신의 피가 하나님의 진노를 덮고 그들을 속박에서 구할 것이라는 사실을 제자들이 깨닫게 하는 것이었다. 이스라엘의 출애굽에는 **형벌** 대리(penal substitution)라는 명시적인 표현이 없지만 그렇다고 그 개념이 부재한다는 뜻은 아니다. 하나님의 진노가 이집트를 향해 표출되었지만, 이스라엘은 양을 바쳤기 때문에 살 수 있었다(출 11-12장).

하지만 근본적으로 주의 만찬은, 유월절처럼 구출에 관한 것이다. 출애굽 이야기의 초점은 하나님이 자신의 언약에 신실하셔서 이스라엘을 이집트의 속박에서 구출하셨다는 것이다. 하나님은 이스라엘에게 식사 의식을 주어 그들에게 자신의 신실하심을 상기시키고자 했다. 예수님도 그의 제자들에게 식사 의식을 주어 어떻게 그의 죽음이 그들을 죄의 속박에서 구출했는지 상기시키고자 했다.

그러나 구출은 다층적 의미로 이해될 수 있다. 법적 처벌이나 심판에서 사면된 범죄자는 법정적 구출을 경험한다. 그는 불법적인 행위에 대한 결과에서 구출된 것이다. 중독에 빠진 사람은 속박에서부터 구해지는, 다른 구출을 경험한다. 속박은 법정 판결의 결과가 아니다. 중독자는 전혀 체포된 적이 없는데도 속박 가운데 있는 것이다! 중독자의 구출이란 그들의 욕망에 영향을 주는 내적인 변화를 일으킴으로써 육체적이고 정신적인 종속 상태에서 자유로운 상태로 이동하는 것이다. 그런 중독에서 구출되면, 중독에 빠졌던 사람은 단순히 지위만 변하는 것이 아니라 새로운 사람이 된다. 죄인은 외적으로는 법정적 유죄다. 그들의 내면은 영적으로 무너져서 잘못된 욕망의 노예로 산다. 이뿐 아니라 해로운 환경에 의한 속박도 있다. 이 글을 쓰는 지금 세상은 코로나19의 대유행 가운데 있다. 병과 죽음의 환경 속에 있다. 우리는 언젠가 우리의 환경이 더 건강해질 거라는 소망을 가지고 자가 격리와 사회적 거리 두기를 실천하고 있다. 죄는 우리의 인격을 정죄하고 타락시킬 뿐 아니라 우리의 문화를 감염시키고 그 안에서 들끓는다. 예수님의 죽음은 제자들을 (법정, 내면, 환경에 관한) 세 가지 속박에서 진정으로 벗어나게 한다.

예수님이 죽으신 결과로 우리는 감옥에서 풀려날 뿐 아니라 양자가 된다. 신자는 하나님의 가족에 속하여 서로에게 형제자매가 된다. 이에 비추어 볼 때, 그리스도인이 주의 만찬을 표현하는 또 다른 단어는 **성찬**(Communion)이다. 성찬이 결속의 의미를 지니기 때문에 바울은 고린도 교인들이 성찬을 왜곡하여 사교 모임 식사 정도로 전락시킨 일에 분노하는 것이다(고전 11:17-22).

해로운 환경에 대해서도 주의 만찬이 해결책을 제시한다. 주의 만찬에는 종말론적 승리가 암시되어 있다. 이 의식은 과거의 사건, 즉 예수님의 죽음만 바라보는 것이 아니라 그가 다시 오실 미래의 사건도 가리킨다. 하나님 나라가 온전히 세워질 그때다. 주의 만찬이라는 상징은 단지 한 방향이 아니라 두 방향을 가리킨다. 하나님이 하신 일뿐 아니라 하나님이 하실 일도 상기시키는 것이다. 미래에 대한 우리의 소망은 유월절 식사가 보여 주듯 하나님이 과거에 하신 일에 기초한다. 예수님도 유월절 식사를 모델로 주의 만찬을 제정하셨다. 우리가 가진 소망은 역사에 근거한 이미-그러나-아직의 구원, 즉 예수님의 십자가와 부활에 기초한다.

명백하지만 자주 간과되는 한 가지 사실은 예수님이 제자들에게 **새로운** 식사를 제공했다는 점이다. 예수님은 유월적 식사를 자신과 자신의 죽음을 중심으로 재구성하셨다. 그의 죽음이 죄와 사망에서 구했다. 그의 피가 정결하게 하고 새롭게 만들었다. 이스라엘이 붙들었던 약속이 마침내 지켜졌다. 하나님이 자신의 백성을 속박에서 구해 내셨다. 예수님의 죽음으로 세상은 완전히 다른 장소가 되었다. 주의 만찬은 이 변화를 기념하고, 뜻이 하늘에서 이루어진 것같이 땅에서도 이루어질 날이 오고 있음을 기억하게 한다 (마 6:10).

주의 만찬이라는 기독교 세계관의 상징은 다른 세계관의 상징들과 같이 실천과 요구되는 삶의 방식, 그리고 선교를 동반한다. 최초의 그리스도인들은 하나님이 예수님의 죽음과 부활을 통해 이스라엘과의 약속을 성취하셨다고 선포함으로써 제자들을 만들었다. 비록 그 약속의 일부는 아직 성취되지 않았지만, 성취될 것이 확실한 이유는 그 약속이 예수님의 부활에 기반하기 때문이다. 더욱이 예수님의 제자들은 가이사가 아닌 예수님이 주님이라고 담대하게 선포하며, 십자가가 정죄에서부터 개인을 구하는 사건일 뿐 아니라 하나님이 세상을 바로잡으신 사건이라고 주장했다. 오늘날 예수님을 따르는 자는 오직 하나님께만 합당한 영예의 자리까지 자신을 높이는 문화, 권력자, 그리고 지도자에게 저항해야 한다. 저항을 위해 치러야 할 대가가 있다는 사실도 인식해야 한다. 그렇게 하는 자는 단순히 십자가 장식을 달고 다니는 자가 아니라 십자가를 지는 사람이다. 그러나 우리가 십자가를 질 때 새 창조가 세상으로 뚫고 들어온다. 주의 만찬이 암시하는 종말론적인 소망 때문에 그리스도의 제자는 박해받을지라도 결코 피해자가 아님을 우리는 상기할 수 있다! 로마서 8:31-39에서 바울은 우리가 넉넉히 이긴다고 선언한다. 그는 예수님의 죽음과 십자가를 우리가 맞을 필연적 승리와 결부시킨다.

어떠한 은유, 모델, 혹은 이론도 십자가를 충분히 설명할 수 없다. 이건 당연하다. 그렇지 않았으면 예수님이 자신의 십자가 사역에 대한 다층적 은유를 담은 의식을 제자들에게 주지 않았을 것이다. 하나의 은유나 모델이 지배적이고 나머지는 여기에서 흘러나온 것일 수도 있을까? 그럴지도 모른다. 이 질문은 나중에 따로 다루어야 할 것 같다. 주의 만찬이 다양한 은유로 표현되었다는 사실을 고려하면 속죄에 대한 온전한 교리는 예수님의 죽음이 어떻게 죄들(sins, 하나님 앞에서 죄책을 부과하는 개인의 여러 잘못된 행위로서 하나님의 용서가 필요하다)과 죄(Sin, 우주적이고 비-인간적인 세력으로서 사탄이나 세상의 기관과 근원적으로 연관되며 인간에게 역사하고 인류를 지배한다)를 해결했는지 답할 수 있어야 한다.

N. T. 라이트와 사이먼 개더콜은 속죄론에 대한 각자의 연구에

서 속죄를 나타내는 다양한 은유를 비록 다른 방식이기는 하지만 인정한다. 각 학자가 어떻게 속죄를 이해하고 서로 생각을 교환하는지 이들의 대화를 통해 알 수 있을 것이며, 이 대화가 이 책의 중심이다. 각 학자의 입장에 세심한 주의를 기울인다면 큰 유익을 얻을 것이다.[20]

이 글은 속죄에 대한 온전한 교리의 틀을 세우려는 시도가 아니다. 그러한 틀의 윤곽만 잡으려 해도 훨씬 더 많은 작업이 필요하다. 이 작업을 위해서는 구약성경과 신약성경의 많은 곳에서 발견되는 방대한 양의 본문이 필요하고, 사람들이 속죄에 관해 과거에 말했던 내용과 오늘날 말하고 있는 내용에 비판적으로 귀 기울여야 하고, 그들과 대화해야 한다. 나는 "신학은 무엇인가?"라는 질문과 "신학자의 역할은 무엇인가?"라는 질문에 그저 부분적인 답만을 제공하려고 했다. 또한, 우리가 주의 만찬에서 발견하는 속죄에 관한 몇몇 주제의 윤곽을 잡으려고도 했다.

글을 맺고자 한다. 우리가 예수님의 십자가를 생각할 때, 너무나 위대해서 온전히 이해할 수 없는 신비를 마주하게 되지만 그래도 깨달을 수는 있다.[21] 십자가를 깊이 숙고하면 하나님의 위대하심과 선

---

[20] ___ 두 사람 모두 속죄에 대해 책을 썼다. 다음을 보라. N. T. Wright, *The Day the Revolution Began: Reconsidering the Meaning of Jesus's Crucifixion* (San Francisco: HarperOne, 2016). 『혁명이 시작된 날』(비아토르); Simon Gathercole, *Defending Substitution: An Essay on Atonement in Paul* (Grand Rapids: Baker Academic, 2015, IVP 근간.)

[21] ___ 이해라는 것은 어떤 문제에 대해 왜 그렇고 어떻게 그러한지를 상세하게 파악하는 것이다. 깨달음이라는 것은 어떤 것이 어떤 점에서 참되다는 것을 단순히 납득하는 것이다.

하심이 십자가를 통해 계시되었음을 알 수 있고 따라서 하나님의 거룩하심과 하나님의 사랑 모두를 볼 수 있다. 십자가상에서 하나님의 영광과 은혜가 만난다. 우리의 연구가 끝났을 때, 아마도 우리는 인간의 한계로 인해 하나님이 십자가로 우리를 위해 무엇을 하셨는지 여전히 다 이해하지 못할 것이다. 하지만 이것이 문제가 아닌 이유는 하나님은 어떠한 인간의 지성으로도 충분히 이해할 수 없는 그 이상의 분이시기 때문이다. 우리가 하나님을 온전히 이해할 수 없음을 안다면, 하나님이 하신 일 역시 온전히 이해할 것이라는 기대를 버려야 하지 않는가?[22] 우리가 하나님이 하신 일의 깊이를 측량할 수는 없어도 우리가 알아야 할 필요가 있는 것은 아마 알 수 있을 것이다. 여전히 내가 아는 한 가지는 이것이다. 나는 주의 만찬, 즉 성찬식에 참여할 때, 참으로 감사하다. 아마도 최선의 반응은 신학보다는 찬송인 것 같다. 아이작 와츠(Isaac Watts)의 오랜 찬송이 우리의 속죄 교리가 어디서 끝나야 하는지를 가장 잘 말해 준다.

> 주 달려 죽은 십자가
> 우리가 생각할 때에,
> 세상에 속한 욕심을
> 헛된 줄 알고 버리네.

이것은 사실이 어떻게 그러한지를 아는 것과 사실 자체를 아는 것의 차이다.
[22] 여기서 내가 주장하는 바는 하나님이 우리의 수준에 맞춰 낮아지셨다는 칼뱅의 생각과 일치한다. John Calvin, *Institutes of the Christian Religion*, trans. Henry Beveridge (London: James Clarke, 1962), 1.13.1. 『기독교 강요』(CH북스).

죽으신 구주밖에는
자랑을 말게 하소서.
보혈의 공로 입어서
교만한 맘을 버리네.

못 박힌 손발 보오니
큰 자비 나타내셨네.
가시로 만든 면류관
우리를 위해 쓰셨네.

온 세상 만물 가져도
주 은혜 못다 갚겠네.
놀라운 사랑받은 나
몸으로 제물 삼겠네.[23]

---

23 ── 이 찬송은 피터 아벨라르의 속죄론과 같은 도덕적 속죄론과 잘 맞는다. 한 가지 중요한 차이점은 아벨라르는 그리스도가 죽으신 이유가 이런 종류의 반응을 일으키기 위해서라고 가정한 반면 와츠는 경외, 겸손, 헌신이 십자가에 합당한 반응이라고 그저 말할 뿐이다. 많은 그리스도인이 와츠의 말에 반대하지 않을 것이다.

속죄의 의미

❖

N. T. 라이트와 사이먼 개더콜의 대화

❖

✣ N. T. 라이트: 시작 발제 ✣

환영해 주셔서 고맙습니다. 그리어-허드 포럼에 다시 오게 되어 참 좋습니다. 특히 로버트 스튜어트께 감사와 축하의 말을 전하고 싶습니다. 그는 수년 동안 이러한 학회를 열어 모든 부류의 사람을 설득해 데려와서는 우리가 사적으로 거의 하기 힘든 대화를 공개적으로 하도록 해 주었습니다. 내가 특별히 감사한 이유는 제 책 『혁명이 시작된 날』(*The Day the Revolution Began*, 비아토르)[1]이 1년여 전에 나왔는데 그 책에 다룬 논의에서 더 나아가고 싶었습니다. 오늘이 그렇게 할 수 있는 좋은 기회입니다.

이 시작 발제에서 저는 아주 간략하게 여섯 개의 요지를 차례대로 제시하고자 합니다. 이 요지들은 제 책에 나와 있는 내용 중 제가 특별히 강조하고 싶은 것입니다. (또한 이 말씀도 드리고 싶은데, 이 책을 기초로 한 온라인 과목도 있습니다. www.ntwrightonline.org라는 웹 사이트에서 제공되는 과목 중 하나입니다.)

저의 **첫 번째 요지**는 이것입니다. 속죄는 어떤 '것'(thing)이 아닙니다. 이것은 약칭입니다. 서양의 신학 논의에서 '속죄'라는 단어를 쓸 때 우리는 마치 그것이 정확히 무엇인지 말하기는 어렵지만 무엇에 대해 말하고 있는지 다 아는 어떤 한 가지(one thing)가 있다

---

[1] ___ N. T. Wright, *The Day the Revolution Began: Reconsidering the Meaning of Jesus's Crucifixion* (San Francisco: HarperOne, 2016).

고 생각합니다. '속죄'라는 단어는 영어 성경의 여러 곳에 등장하지만, 이것은 잘못되었습니다. 전문 용어에 대한 단어 연구를 해 보면 알 수 있습니다. '속죄'라는 단어를 어떤 '것', 즉 하나의 구체적 진리를 가리키는 것으로 여기면 제대로 이해할 수 없습니다. '속죄'는 하나의 이야기를 가리키는 약칭입니다.

모든 교리는 휴대용 이야기입니다. 우리는 여행 갈 때 챙기는 옷처럼 이야기를 접어서 여행 가방에 넣고 논의가 있을 때마다 쉽게 꺼내고 집어넣습니다. 여행 가방을 가지고 다니는 이유는 호텔 방에 여행 가방을 놔두는 것을 좋아해서가 아닙니다. (이 문장은 제가 이번 모임에 참여하기 전에 썼는데, 델타 항공으로 보낸 제 여행 가방을 제가 여기 도착했을 때 맞춰서 받지 못할 줄은 몰랐네요.) 여행 가방을 가지고 다니는 이유는 옷과 책과 개인용품을 한꺼번에 담을 수 있기 때문입니다. '속죄'라는 단어는 그보다 더 긴 성경의 이야기를 접어서 넣은 여행 가방입니다. 이런 생각은 바울도 이미 하고 있었습니다. 고린도전서 15:3에서 그는 복음의 메시지를 요약하는데 이렇게 시작합니다. "이는 성경대로 그리스도께서 우리 죄를 위하여 죽으시고…." 만약 '속죄'라는 단어 대신 바울의 이 문장을 사용한다면 논의 자체가 어려울 것입니다. 만약 이 문장에 예수님이 묻히시고 부활하셨다는 4절의 내용까지 더하여 다 합친 형태라면 논의하기가 더욱더 어렵겠죠. 마치 여행 가방 없이 모든 옷과 책과 개인용품을 들고 비행기에 오르는 것과 같이 어려운 일입니다. 그래서 우리는 여행 가방에 내용물을 집어넣고 지퍼를 닫은 후 이것을 '속죄'라고 부릅니다. 이 가방을 들고 우리는 수많은 논의에 참여합니다. 물론 종종 논의의 관심이 가방에 담긴 내용보다는 가방의 색깔이나 모양에 있을 때도 있습니다.

이것은 단순히 우리가 특정 단어를 사용하는 방식에 관한 설명이 아닙니다. 이것은 두 가지 면에서 중요합니다. 첫째, 만약 우리가 이야기에 주의를 기울이지 않으면, 만약 우리가 전혀 옷을 꺼내거나 펴서 입지 않는다면, 우리는 옷은커녕 여행 가방을 가지고 다니는 이유 자체를 잃게 됩니다. 사실상 여행 가방과 옷 모두를 부정하는 것이지요. 둘째, 우리는 간혹 성경에 주의를 기울이지 않거나 혹은 성경을 단순히 증거 본문으로 사용합니다. 이것은 성경을 이른바 '교리에 대한 증언자'로, 다시 말해 아타나시우스(Athanasius)에서 시작해 츠빙글리(Zwingli)로 끝나는 신학 인명사전 속 인물 중 하나로 취급하는 것이죠. 이러한 행동은 성경이 우리에게 있어 최고의 권위가 아니라고 말하는 것과 마찬가지입니다. 성경은 그저 우리의 설계대로 건물을 지으려고 돌을 구하러 가는 채석장인 것입니다. 이것은 어느 신학자에게든, 특히 개신교 신학자에게는 심각한 비판입니다. 이 콘퍼런스는 마르틴 루터와 1517년의 사건들을 기념하는 가운데 열렸습니다. 루터가 성경과 전통 중 하나를 고르라는 문제에 직면한다면 무엇을 선택할지 저는 압니다. 이것이 제 첫째 요지입니다. **속죄**라는 단어가 우리를 성경에서 멀어지게 하여 훨씬 더 이후에 생긴 전통으로 끌고 갈 수 있음을 기억해야 합니다. 속죄는 사실 반대 방향을 가리킨다는 점을 항상 기억해야 합니다. 속죄는 복잡하지만 아주 중요한 성경의 내러티브들을 가리키고 있습니다.

제 **두 번째 요지**는 이것입니다. 사복음서는 예수님의 생애에서 발생한 사건들뿐 아니라 그의 죽음이 가지는 의미에 관해서도 일차적으로 증언합니다. 속죄에 관한 논의에서 사복음서가 소외되는 정도를 보면 놀랍습니다. 수 세대 동안 독자들은 사복음서를 (앞서 이야기한 비유를 사용하자면) 아무리 많이 접어도 '속죄'라는 여행 가방에 넣기를 어려워했습니다. 그래서 그들은 손가방에 들어갈 만한 마가복음 10:45("인자가 온 것은…자기 목숨을 많은 사람의 대속물로 주려 함이니라")과 같은 작은 조각들만을 살려 두었습니다. 복음서 학자들은 실험적인 방법과 이론들을 따랐고 또 만들어 냈습니다. 그동안 있었던 암묵적인 신학적 동의에 의하면 복음서는 예수님의 생애와 가르침, 그리고 그의 죽음을 둘러싼 환경에 관한 내용을 다룰 뿐, 그의 죽음이라는 그 놀라운 사건 자체의 의미는 일차적으로 다루지 않습니다. 복음서는 아마도, 한 관점에서 보면(사람들이 말해 왔듯이), '확장된 서론을 가진 수난 내러티브'일 수 있지만, 이렇게 말한 사람들도 대개 예수님의 죽음이 지니는 신학적인 요지를 파악하지는 못했습니다. 저의 소중한 친구 리처드 헤이스(Richard Hays)조차도 그가 최근에 쓴 놀라운 책, 『복음서에 나타난 구약의 반향』(*Echoes of Scripture in the Gospels*)[2]에서 예수님의 죽음이 가진 의미보다는, 복음서 저자들이 예수님을 누구였다고 생각했고 지금은 누구라고 생

---

2 ──── Richard B. Hays, *Echoes of Scripture in the Gospels* (Waco, TX: Baylor University Press, 2016). 『복음서에 나타난 구약의 반향』(감은사).

각하는지에 관한 질문에 거의 전적으로 집중했습니다. (이 말에는 어떤 비난도 담겨 있지 않습니다. 이 책은 특별히 어려운 상황 속에서 집필되었으며 이미 충분히 깁니다. 하지만 복음서 저자들이 성경을 사용하여 예수님의 죽음이 가진 의미에 대해 무엇을 말하는지를 설명하는 후속작이 절실히 필요합니다.)

구체적으로 말하면, 복음서 학계에 그동안 있었던 하나의 경향은 누가가 속죄 신학을 가졌을 어떠한 가능성도 경시하는 것입니다. 부분적으로는 아마 누가가 마가복음 10:45을 사용할 만한 곳에서도(눅 22:27) 사용하지 않기 때문에 그런 것일 수도 있습니다. 하지만 사람들이 항상 알아차리지 못하는 것이 있습니다. 이 구절 바로 뒤에 누가가, 중요한 본문인 이사야 53장을(사실 막 10:45에서보다 더 명확합니다) 예수님이 직접 인용하신 것으로 썼다는 점과, 그다음 누가복음 22:37에서 이사야 53:12("그는 불법자로 여김받았다", He was reckoned with the lawless)[3]을 인용한다는 점입니다.

사실 이 현상의 이면에는 다른 문제가 있는데, 이것은 성경이 인용된다는 것을 모른다거나 그 의미를 알아채지 못한다는 등의 문제보다 더 불길한 문제입니다. 특히 콘첼만(Conzelmann)과 케제만(Käsemann) 같은 불트만(Bultmann) 추종자와 이들의 영향을 받은 사람들의 글은 누가가 복음을 역사적 내러티브로 바꿈으로써 복음을 왜곡했음이 자명하다고 전제합니다. 이 전제에 따르면 누가는

---

[3] ―― 이것은 내 사역이다. N. T. Wright, *The Kingdom New Testament: A Contemporary Translation of the New Testament* (New York: HarperOne, 2011)를 보라.

어떠한 '속죄 신학'도 가질 수 없습니다. 왜냐하면 이들의 전제 속에서는 '역사화된' 복음이 십자가의 의미와 대립적 관계에 있기 때문입니다. 여기서 우리는 복음과 역사 사이의 거짓 대립이 소위 묵시라 불리는 것에 대한 최근의 논의에서도 똑같이 말썽을 부리고 있음을 보게 됩니다[저의 책 『바울과 그의 최근 해석자들』(*Paul and His Recent Interpreters*) 2장을 보세요].[4] 이렇게 복음과 역사가 대립한다는 잘못된 인식은 지난 두 세대 동안 우후죽순으로 자라났습니다. 이것들을 시급히 뽑아 내야 합니다.

사실 누가는 다른 세 복음 전도자들과 같이, 하지만 소위 도마복음이나 그와 비슷한 문서들과는 다르게, 예수님의 이야기를 이스라엘 이야기의 중심이자 절정으로 들려줍니다. 예수님의 이야기는 특히 이사야 52-53장에 나오는 하나님 나라에 관한 죄 용서의 좋은 소식을 기다리는 이스라엘 유배 이야기의 절정입니다. 더 구체적으로 누가는 이스라엘 이야기를 인류와 세상 이야기의 중심으로 제시합니다. 궁극적으로 이것은 예수님의 죽음이 하나님 나라를 도래시키고 구원을 이루는 사명의 절정이자 효과적인 도구라는 사실을 알려 주는 이야기입니다. 사복음서 모두 예수님이 유월절을 선택하셨음을 강조합니다. 초막절이나 수전절, 심지어는 대 속죄일도 아닌 유월절을 자신의 임무를 수행할 때로 정하셨습니다. 메시아가 '카타 타스 그라파스'(*kata tas graphas*, "성경대로", 고전 15:4) 우리를 위

---

[4] ——— N. T. Wright, *Paul and His Recent Interpreters: Some Contemporary Debates* (London: SPCK, 2013, IVP 근간).

해 죽으셨다고 바울이 말할 때, 이 문장에서 '카타'(~대로)라는 단어는 모든 점에서 '그라파이'(*graphai*)만큼 중요합니다. 우리가 '속죄'라고 부르는 주제에 대한 너무나 많은 글이 예수님은 '현대 서양의 틀에 따라' 우리를 위해 죽었다는 암시를 줍니다. 이 틀에 대해 몇 개의 '성경적' 각주는 달 수 있겠지요. 이러한 틀은 수백 권의 책에서 쉽게 보이는데, 가장 최근에 접한 가장 실망스러운 경우는 새로 나온 커다란 『T&T Clark 속죄 지침서』(*T&T Clark Companion to Atonement*)라는 책입니다.[5] 지금 우리의 대화에 참여하는 패널 중 한 분이 이 책을 칭찬하는 '추천사'도 썼습니다. 이 책에는 여러 탁월한 부분이 있지만, 책 전체는 바로 이 점에서 가치가 훼손됩니다. 즉, 이 책은 복음서가 실제로 말하는 대로 복음서를 읽지 못했습니다. 이것이 복음서에 대한 저의 두 번째 지적입니다.

저의 **세 번째 요지**는 복음서의 이야기가 '속죄'를 각기 다른 '모델들'로 나누어 생각하는 경향을 지속적으로 책망한다는 것입니다. 이렇게 모델들로 나누는 것은 경직되고 단절된 사고를 나타내며 실제로 성경이 말하는 내용에서부터 우리의 주의를 일부러 돌려 버리는 듯합니다. 이것은 마치 누군가 베토벤의 교향곡 5번을 분석하며, "이 곡에서 베토벤은 때로는 우리에게 극적인 리듬을 선사해. 다른 경우에는 목관악기를 효과적으로 사용해. 종종 그는 현악기로 놀라운 음을 연출해" 등의 말을 하는 것과 같습니다. 이 모든 말이 사실

---

[5] ⎯⎯ Adam J. Johnson, ed., *T&T Clark Companion to Atonement*, Bloomsbury Companions 5 (London: Bloomsbury, 2017), 859 pages.

일 수 있지만, 청중은 음악 전체를 듣습니다. 이 '모델들'은 더 큰 성경의 내러티브 속에서만 그 의미를 나타낼 수 있습니다. 성경의 내러티브는 다섯 '순간들'(moments)로 되어 있는데, 이를 간략하게 요약하고자 합니다.

첫 번째 순간은 포로 상태를 끝내겠다는 오랜 약속인 새 출애굽이 도래했다는 주장입니다. **두 번째**, 이 새 출애굽은 하나님의 보좌를 찬탈했던 어둠의 세력들을 무찌르고 하나님 나라를 세우는 승리를 가져다줍니다. **세 번째**, 이 승리는 이스라엘의 메시아가 겪은 대표적이고 대리적인 죽음을 통해 발생합니다. 어둠의 세력은 죄를 통해 우상숭배에 빠진 인류를 붙들고 있었는데 메시아의 죽음이 이 문제를 해결한 것입니다. 그렇기에 오직 이 이유로, **네 번째**, 십자가는 고난을 감당하는 사랑의 도덕적인 모범을 제공하며, 동시에 창조주 하나님이 진정 어떤 분이셨고 또 어떤 분이 되실지를 영광의 어두운 빛 가운데에서 계시합니다. 그러므로 **다섯 번째**, 예수님의 죽음은 어둠의 권세를 무너뜨려 우주적이고 세계적인 혁명을 일으킨 위대한 행위로서 새로운 세상을 출범시킵니다. 이 새 세상은 자유, 용서, 새 창조가 번성하고 넘치는 곳으로서 여전히 우상숭배에 의존하고 있는 모든 권력 체계에 맞서고, 사망 자체를 무찌르시는 하나님의 궁극적인 승리가 올 것을 세상에 확신시킵니다.

물론 이 모든 것은 견고한 창조 교리에 의존합니다. 또한, 부활이 십자가 뒤에 발생함으로써 십자가 사건이 패배가 아닌 승리임을 계시했다는 해석에 의존합니다. 그리고 성령을 선물로 주신 사건에도 의존합니다. 요한이 극명하게 말하듯, 성령이라는 선물은 예수님이 '영화롭게' 되셔야만, 그리고 예수님이 십자가를 통해 하나님의 사랑을 온전히 계시하셔야만 주어질 수 있는 것입니다(요 7:39).

우리는 구체적으로 이 점에 주목해야 합니다. 이 내러티브에서는 각 부분이 편안하고 만족스럽게 잘 들어맞습니다. 이 내러티브 속에서 보통 서로 대립하는 것으로 여겨졌던 요소들이 실제로 상호 의존적 관계가 되어 전체적 의미를 만들어 냅니다. 잘 알려졌듯이 이 요소 중에는 (1) '승리자 그리스도'(Christus Victor)라는 주제가 있는데, 이 주제는 종종 (2) '대리' 개념과 (3) 예수님이 '대표자'로서 자신의 백성을 '포괄하신다'는 개념과도 종종 대립하는 것으로 여겨졌습니다. 사실 '대표자' 개념과 '대리' 개념도 종종 양자택일 관계로 이해되고는 합니다. (4) 예수님의 죽음이 도덕적 모범으로 작용하여 "이것이 사랑의 표현이다"라는 표지 역할을 한다는 생각은 종종 위의 세 가지 주제 모두와 상충하는 것으로 이해되어 왔습니다. 하지만 이야기를 제대로 이해하면 이 네 가지 모델 모두 이야기 속에 잘 들어맞을 것입니다.

제가 『혁명이 시작된 날』에서 훨씬 충분히 주장했듯이, 이 모든 것은 우상숭배와 죄의 본질에 좌우됩니다. 여기서 우상숭배는 죄의 핵심으로 인식됩니다. 로마서 1:18에서 바울이 인류에게 부과하는 혐의는 '아세베이아'(asebeia)이며, '잘못된 숭배'로서 우상숭배를 의미합니다. '불의'인 '아디키아'(adikia)는 하나님의 세상을 부수고, 인간 존재를 훼손하고, 사람들 사이의 관계를 깨뜨리는 것을 뜻합니다. 인간인 우리가 우상을 숭배할 때, 우리는 인간 이하의 방식으로 행동하며 진정한 인간됨이라는 과녁에서 빗나가게 됩니다. '과녁에서 빗나가는 것'이 '하마르티아'(hamartia)이며, 우리는 이것을 보통 '죄'로 번역합니다. 그 죄를 수단 삼아 우상들은 우리를 종으로 만듭니다. 따라서 악한 세력들을 무찌르려면 죄의 문제가 대리적으로 해결되어야 하며, 이것은 예수님이 대표적인 메시아가 되셔야만 가능합니다.

이 모든 것이 복음서에 상당히 명확하게 나타납니다. 물론 복음서를 우리의 틀로 읽지 않고, 있는 그대로 읽는 법을 배울 경우만 그렇습니다. 이러한 속죄 이해는 특히 십자가 사건에 도달하도록 배열된 내러티브 속에서 전면으로 드러납니다. 예수님의 왕 되심이 여기서 주요 주제가 되고, 십자가가 역설적인 승리의 사건으로 부각되며, 예수님이 죽을 필요가 없으셨는데도 다른 이들에게 마땅히 임해야 할 죽음을 자신이 겪으실 때 이야기가 절정에 도달합니다. 예를 들어, 바라바나 예수님 옆에 있던 도적은 마땅히 죽어야 할 자들이었습니다. 따라서 복음서는 우리에게 **대표적 대리**(representative substitution)**를 통해 승리의 왕국이 출범한** 내러티브를 제공해 줍니다. 물론 이 이야기는 기본적으로 이사야 52장과 53장의 이야기이며, 구속의 위대한 사건들에 대한 성경 속 많은 이야기를 하나의 서사로 끌어모읍니다. 복음서는 성경 전체의 이야기에서 예수님의 죽음이 가지는 의미와 역할에 대한 모든 정경적 증거의 핵심으로서 이 내러티브를 제시합니다.

우리는 원한다면 이 모든 것을 '속죄'라고 부를 수 있습니다. 그러나 여행 가방에 접어 넣어야 하는 것이 다른 이야기가 아닌 바로 이 복잡한 이야기라는 점을 꼭 기억해야 합니다. 이것이 저의 세 번째 요지입니다.

저의 **네 번째 요지**는 제사 언어가 이 결과적인 이야기의 일부이지 '예수님이 우리의 형벌을 짊어지시는' 이야기의 일부가 **아니라는** 점을 인식하는 것입니다. 『혁명이 시작된 날』에서는 이 점을 많이 이야기하지 않았습니다. 그러려면 특히 히브리서에 대한 논의를 첨가해야 했고 그렇게 하면 책이 두 배는 더 길어질 것 같았기 때문입니다. 말할 내용을 한 번 더 세분해야 할 것 같은데 이번에는 네 개의 하위 요지로 나누겠습니다.

첫 번째 하위 요지는 레위기 제사 제도의 핵심이 동물 처벌과 무관하다는 점입니다. 이교도 제사와는 다르게 이스라엘의 제사 동물은 제단에서 죽임을 당하지 않으며, 피를 통한 의식을 행하는 목적도 성소를 정결하게 하기 위한 것입니다. 하나님이 주신 생명의 표시인 피는 정화제와 같이 작용해서 죽음을 가리키는 것들, 즉 죄를 포함한 모든 죽음의 흔적을 씻어 내어 살아 계신 하나님이 자신의 약속대로 자기 백성 가운데 와서 거할 수 있게 했습니다. 만약 그들의 죄와 불결 때문에 성소가 더럽혀졌다면 어떻게 하나님이 와서 거하실 수 있었겠습니까? 따라서 제사는 더 크고 참된 성경의 이야기 속에서만 의미를 지닐 수 있습니다. 그리고 성경의 이야기는 어떻게 죄인이 천국에 갈 수 있느냐에 관한 것이 아니라 (계 21장이 분명히 말하듯) 어떻게 살아 계신 하나님이 인간들 가운데 거하실 수 있는가에 관한 것입니다.

제사에 관한 두 번째 하위 요지는 이렇습니다. 초기 기독교 사상에서 우리는 전례를 찾을 수 없는 신기한 조합을 발견하는데, 바로 유월절 이미지와 대 속죄일 이미지의 조합입니다. 이것은 포로기 개념으로 설명할 수 있습니다. 이집트에서의 종살이와는 다르게, 이스라엘이 겪은 연장된 바빌론 포로기는 우상숭배와 죄의 결과였습니다. 따라서 새 유월절이라는 승리의 구조(새 출애굽)는 위대한 '속죄' 행위로 성취되었습니다. 하지만 여기서 요지는 예수님을 통해서 생겨난 결과가, 부활과 승천이 보여 주듯이, 단지 죄인이 죄의 결과에서 구조된 것이 아니라(물론 이것도 확실히 포함합니다) "임마누엘…하나님이 우리와 함께 계시다"(마 1:23)라는 새로운 현실이 이루어졌다는 것입니다.

따라서 제사에 관한 세 번째 하위 요지는 이것입니다. 안셀무스부터 현재까지 오랜 기간 발전된 전통, 즉 지난 천 년 동안의 서양 신학은 성전과 제사의 언어를 법정과 심판의 언어로 부당하게 바꾸었습니다. 이것은 (예를 들어) 로마서 3장의 중요 본문을 해석하는 데 엄청난 결과를 초래했습니다. 이 내용을 제 책에서 다루었고, 리처드 보컴(Richard Bauckham) 기념 논문집에 실린 제 논문에서 더 자세하게 이야기했습니다.[6] 로마서 3:23에서 바울은 "모든 사람이 죄를 범하였으매 하나님의 영광에 이르지 못하더니"라고 말합니다. 그러나 성경에서 하나님의 영광은 성전에서 드러나는 영광입니다. 여기서 바울은 에스겔 8:7-13(롬 1:23에서 암시되는)과 시편 106편에서 이스라엘에 퍼부어진 것과 같은 종류의 비난을 인류 전체에 적용합니다. 그래서 바울은 해결책이 제공된 후의 결과적 상황을 제의적 언어로 표현합니다. "우리가 믿음으로 서 있는 이 은혜에 들어감을 얻었으며 하나님의 영광을 바라고 즐거워하느니라"(롬 5:2). 이 구절은 로마서 8장에서 도달할 다음의 결론을 향하고 있습니다. 즉, 피조 세계 전체가 썩어짐의 종노릇에서 해방되어 우주적인 성전이 될 것인데, 그때는 하나님의 형상이 회복되므로 하나님의 영광이 부활한 인간을 통해 빛을 발하며 우주적인 성전 안에 거할 것입니다.

이것이 로마서 3:24-26을 이해하는 데 필요한 더 큰 문맥입니다. 여기서 저는 이 본문에 대해 이전에 취했던 입장을 철회했습니다. 로마서 3:24-26은 죄에 대한 진노가 형벌을 통해 해결된다는 이야기가 아닙니다. '힐라스테리온'(*hilastērion*은, "화목 제물")은 언약궤의 뚜껑으로서 여기에서 언약 하나님이 은혜로 그의 백성과 만나십니다. 로마서 1장의 문제에 관해서 안셀무스 이후의, 혹은 칼뱅 이후의 해결책에 너무 열광한 (저를 포함한) 우리는, 자기 백성과 함께 거하시는 하나님이라는 더 큰 주제를 간과해 왔습니다.

---

6 ⎯⎯ N. T. Wright, "God Put Jesus Forth: Reflections on Romans 3:24-6," in *In the Fullness of Time: Essays on Christology, Creation, and Eschatology in Honor of Richard Bauckham*, ed. D. M. Gurtner, G. Macaskill, and J. T. Pennington (Grand Rapids: Wm. B. Eerdmans Publishing Co., 2016), pp. 135-161.

이 새로운 해석에 대한 강력한 힌트는 로마서 5:9에 있습니다. 여기서 사도는 예수님의 죽음을 되돌아보며 하나님의 아들이 죽은 그때를 우리가 하나님과 화해했던 순간이라고 여깁니다. 하지만 바울은 화해의 결과로 우리가 다가올 진노에서 **구원받을 것**이라고 말합니다. 만약 로마서 3:24-26이 진노가 어떻게 해결되었는지에 관한 묘사라면, 로마서 5:9은 터무니없는 동어 반복이 될 것입니다 ("이제 우리가 진노하심에서 구원을 받았으니, 우리는 진노하심에서 구원을 받을 것이다"). 물론 저의 주장은 무수하게 많은 쟁점을 제기하지만 여기서는 다룰 공간이 없습니다.

네 번째 하위 요지는 이것입니다. 예수님이 하나님 나라를 선포하는 자신의 사역을 절정에 도달하게 하는 데 있어서 유월절을 중대한 순간으로 택했다는 점을 다시 강조해야 합니다. 예수님은 성전 심판의 메시지를 행동으로 몸소 비유하시고 곧장 자신의 추종자들과 최후의 만찬을 가지셨습니다. 이 만찬은 살아 계신 하나님이 다시 한번 그의 백성 가운데 거하시는 친밀한 순간으로서 예수님이 자신에게 곧 발생할 일을 통해 성전의 기능을 대체하기 시작하셨음을 의미합니다 (요 2:21-22을 참조하십시오).

이것은 저의 **다섯 번째 주요 요지**로 이어집니다. 이 요지는 책 하나의 분량으로 확장될 수 있지만 여기서는 간단하게 말할 수밖에 없습니다. 예수님은 자신이 겪을 죽음의 의미를 제자들에게 설명할 때, 이론을 설파하지 않고 함께 식사하셨습니다. 제사에 관한 여러 의미가 담긴 최후의 만찬은 (제가 방금 설명한 방식대로 이해한다면) 예수님의 죽음에 대한 그분 자신의 최종적이고 결정적인 해석이었습니다. 이것은 우리의 논의에 완전히 새로운 요소를 끌어들이며 우리의 초점을 관념적인 모델에서 교회의 관행에 대한 영역으로 이동시킵니다.

'속죄론'의 긴 역사, 특히 서양의 경우를 돌아보면 우리는 세 가지를 발견합니다. 첫째, 우리는 종말론을 플라톤적으로 만들었습니다('새 하늘과 새 땅에서의 부활' 대신 '영혼이 천국으로 가는' 그림으로). 둘째, 우리는 인간론을 도덕화했습니다. 인간에게 중요한 것은 '왕 같은 제사장'의 소명을 이루느냐 그렇지 못하느냐가 아니라 도덕 규범을 지키느냐 어기느냐라고 암시를 준 것입니다. 성경에서 '죄'는 과녁에서 벗어난 실패로서, 왕 같은 제사장이라는 이중 소명에서 벗어났다는 것이지 단순히 금지된 행동을 했다는 뜻이 아닙니다. 셋째, 이렇게 우리는 구원론을 이교도적으로 만들었습니다. 즉, 바울의 메시지는 예수님의 대표적 대리 사역으로 죄와 사망이라는 어둠의 세력을 극복했다는 것인데, 우리는 이 메시지를 복수의 신(하나님)이 무고한 피해자(예수님)에게 공격을 퍼붓는 개념으로 바꾸었습니다. 이 모든 것이 『혁명이 시작된 날』에 자세히 설명되어 있습니다.

로마서의 왜곡된 해석은 다시 한번 잘못된 기준으로 작용합니다. 우리는 바울이 논증한 요지를 천국에 가는 방법이라고 생각해 왔습니다. 하지만 바울의 요지는 아주 명료하게도 하나님이 어떻게 자신의 피조 세계를 구하고 새롭게 하는가입니다. 그러나 여전히 엄청나게 인기 있고 영향력 있는 '천국 가기'라는 내러티브는 성경이 아닌 중기 플라톤주의의 가르침입니다. 이것은 바울이 아닌 플루타르코스(Plutarch)의 저작들[예를 들면, "추방에 관하여"(*On Exile*)라는 논문]에 나옵니다. 이것은 단순히 "아 그렇다면 목적지를 바꾸자. 그렇게 하면 다른 모든 것은 그대로일 거야"라고 말한다고 해결될 문제가 아닙니다. 절대로 아닙니다! 왜냐하면, 당신이 거룩한 천국에 가려는 죄 많은 영혼이라고 상상해 보세요. 그러면 당신은 창세기부터 성경을 읽을 때 도덕적인 틀로 읽을 것입니다. 이 틀 속에서 서양 신학은 (이에 대한 너무 세세한 요지는 차치하고) 하나님을 아는 지식보다 선악을 아는 지식을 더 우선시해 왔습니다.

이렇게 이해해 봅시다. 창세기 1, 2, 3장은 인간에게 어려운 도덕 시험을 내시는 하나님과 그 시험에 떨어지는 인간을 묘사하는 것이 아니라, 인간에게 영광스러운 소명을 주시는 하나님과 그 소명을 이기적으로 왜곡하는 인간을 묘사합니다. 이 문제는 단순히 '용서'로 해결될 수 없습니다. 해결책은 '용서 그리고 본래 소명의 회복'이어야 합니다. 그것이 바로 하나님의 원래 창조 계획이 본 궤도로 다시 돌아올 수 있는 방법입니다. 하지만 우리가 만약 아담과 하와같이 도덕성을 가장 중요하게 내세운다면(다시 말하지만, 도덕성이 중요하지 않다는 것이 아닙니다. 도덕성은 소명의 필연적 반사 작용입니다), 우리는 구원의 방법에 대한 이교도적인 비전으로 기울게 되고 화난 하나님이 자신의 진노를 누그러뜨리고자 무고한 피해자를 요구하신다는 등의 이교도적 내러티브를 받아들일 것입니다. 물론 하나님의 진노에 대한 성경적 교리가 있습니다. 하지만 이 교리가 말하는 하나님은 변덕스러운 악의를 가진 신이라는 흔한 이미지와는 아주 다릅니다. 이것은 이방 신들에게서 발견되는 것입니다. 성경은 또한 무고한 피해자에 대해서도 말합니다. 하지만 그것만으로 죽음을 감당하시는 예수님을 설명할 수 없습니다. 다시 말하지만, 그 죽음은 실로 하나님과 사람을 화해시키지만 그 방식이 이교도들이 상상한 것과는 다릅니다. C. S. 루이스(Lewis)는 최후의 만찬에서 예수님이 떡을 떼며 하신 말씀이 마치 옥수수 왕의 역할과 같다고 말했습니다.[7] 예수님이 옥수수 왕에 대해 들어본 적이 없었을 텐데 말이죠. 이 말은 예수님의 죽음이 이교도적 패러디와 위험할 정도로 가깝다는 것을 암시합니다. 아마도 더 정확하게는 이렇게 말해야 할 것 같습니다. 이교도의 패러디가 강력하고 매혹적인 이유는 그들이 실체와 아주 비슷하지만 동시에 치명적으로 다르기 때문입니다. 자존심 있는 신학자나 설교자라면 하나님이 누군가를, 어떤 사람이든 **죽여야 할 필요가 있었는데**, 어쩌다 보니 자기 아들을 죽이게 되었다라고 말하지 않을 것입니다. 하지만 널리 퍼진 증거들에 따르면, 젊은 사람들을 비롯한 수많은 이가 이러한 생각을 기독교의 가르침이라고 생각하고 있습니다. 물론 저는 사람들이 듣고 싶어 하는 메시지만을 가르쳐야 한다고 생각하지 않습니다. 십자가는 여전히 거리낌의 대상입니다. 하지만 최소한 십자가가 어떻게 거리낌이 되는

---

[7] ⎯⎯ 어떤 고대 이방 종교에서는 '옥수수 왕'이 아도니스, 오시리스, 혹은 타무즈처럼 다음 계절의 수확을 보장하고자 땅을 위해 자신을 희생한 신이었다.

지 올바로 이해해서 설교해야 합니다. 우리가 본질적으로 이교도적인 생각의 틀 안에 머물러 있는 한, 십자가가 거리낌이 된다는 사실을 알아보는 자는 이 이야기 전체를 거부할 것이고, 그렇지 않으면 대리 개념에 대항하여 '승리자 그리스도' 혹은 '대표자' 혹은 '도덕적 모범' 등을 내세우는 방법을 찾고자 최선을 다할 것입니다. 또는 '대리'를 주장하며 이 주장을 성립시키려면 다른 모든 모델을 부인해야 한다고 생각할 것입니다. 이렇게 함으로써 그들은 성경의 내러티브를 '모델들' 중에서 골라 가져가는 수준 낮은 뷔페로 다시 한번 전락시킵니다.

마지막으로 결론을 내리자면, 십자가의 의미는 행동으로 계시된 하나님의 사랑입니다. 아무도 이에 대해 반대하지 않을 것입니다. 하지만 만약 이교도적인 구원론을 제시하며 이 말을 한다면, 이미 어두운 그림에 비통함까지 새로 추가될 것입니다. 힘센 사람이 화가 나서 누군가를 두들겨 패면서 "너를 사랑한다"라고 말한다면, 이것은 가학증이며 악몽일 것입니다. 물론 우리에게 필요한 것은 튼튼한 삼위일체 신학입니다. 삼위일체 신학을 우리에게 전하려고 신약성경 전체와 모든 위대한 신학자가 애를 썼습니다. 하나님이 메시아 안에 계셔서 세상을 자신과 화해시켰습니다. 이 메시아가 "나를 사랑하사 나를 위하여 자기 자신을 버리신 하나님의 아들"이십니다(갈 2:20). 하나님에게서 오셔서 하나님에게로 가시는 예수님이 자신의 백성을 끝까지 사랑하셨습니다(요 13:1을 보십시오). 하지만 이 사랑은 바로 신명기, 이사야서, 시편에서 말하는 언약적 사랑입니다.

이스라엘을 **위한** 하나님의 언약적 사랑이고, 이스라엘을 **통해** 모든 인간을 위하는 하나님의 사랑입니다. 그리고 인간을 **통해** 모든 피조물을 위하는 하나님의 사랑입니다. 이 의미는 성경의 이야기, 창세기에서 요한계시록까지 펼쳐지는 그 이야기 안에서만 찾을 수 있습니다.

이야기에 대해 말해 왔으니 제 논의도 이야기로 마무리해야겠습니다. 이 이야기는 십자가가 어떻게 몰이해의 장해물을 힘차게 뛰어넘어 그 자체로 기독교 변증의 견고한 상징이 되었는지를 보여 줍니다. 장 마리 뤼스티제(Jean-Marie Lustiger) 추기경은 유대인으로 태어나 20세기의 마지막 분기를 파리의 대주교로 지냈습니다. 그가 세 아이에 관한 이야기를 들려준 적이 있습니다. 지방의 마을에 사는 아이 세 명이 그 마을의 사제에게 장난을 치기로 했습니다. 그들은 한 명씩 고해실에 들어가서 이상하고 놀라운 죄를 많이 고백했습니다. 앞의 두 아이는 웃으며 도망쳤지만, 사제는 이들이 장난치는 것을 알았고 그래서 세 번째 아이에게는 속죄의 방법을 정해 주었습니다. 그는 이렇게 말했습니다. "너는 저 큰 십자가에 달린 예수님 동상에 가서 이렇게 말하거라. '당신이 나를 위해 그 모든 것을 하셨지만 나는 전혀 신경 쓰지 않습니다.'" 그 아이는 십자가 앞으로 갔습니다. 그저 장난이라고 생각했지요. 그러고는, "당신이 나를 위해 그 모든 것을 하셨지만 나는 전혀 신경 쓰지 않습니다"라고 말했습니다. 그다음 그는 다시 한번 말했습니다. 하지만 이 말을 세 번째 하려고 하니 도저히 입이 떨어지지 않았습니다. 그는 무너져 버렸고 변화된 사람으로 교회를 나섰습니다. 그 추기경은 이렇게 이야기를 맺었습니다. "내가 이 이야기를 아는 이유는 내가 바로 그 아이였기 때문입니다." 바울은 이렇게 말합니다. 메시아가 십자가에 못 박혔다는 복음의 소식은 "유대인에게는 거리끼는 것이요 이방인에게는 미련한 것이로되, 오직 부르심을 받은 자들에게는 유대인이나 헬라인이나 그리스도는 하나님의 능력이요 하나님의 지혜니라"(고전 1:23-24).

✤ 사이먼 개더콜: 시작 발제 ✤

고맙습니다, 라이트 교수님. 그리고 이 자리에 오신 모든 분과 초대해 주신 분들께도 감사를 드립니다. 이 자리에 서는 것은 큰 특권이며, 이 굉장한 주제에 대해 말하는 것도 특권입니다. 저는 여기서 두 요지에 초점을 둘 것인데, 특별히 하나에 집중하겠지만 전체적으로는 두 가지를 다룰 것입니다. 제가 주장하고자 하는 바는 십자가에 대한 성경적 그림과 신약성경 속 십자가에 대한 그림에서 다음의 두 요지가 전면과 중심에 위치한다는 것입니다. **첫 번째**로, 초점입니다. 즉 하나님이 사람들을 자신과 화해시키신다는 것입니다. **두 번째**는 하나님이 사람들을 자신과 화해시키는 궁극적 목표입니다. 즉 자신의 이름에 영광을 가져오는 것이 궁극적 목표라는 것입니다. 이 궁극적 목표는 끝에서 다시 논의할 것입니다. 지금은 하나님이 사람들을 자신과 화해시키신다는 주제에 먼저 집중하려 합니다.

제가 연구를 해 오면서 주의를 기울였던 것 중 하나는, 속죄를 성경적으로 합당하게 설명하려는 어떤 시도든, 하나님이 십자가를 통해 무엇을 이루셨는지를 설명하려면 여러 주제를 함께 다루어야 한다는 점입니다. 좀 이상한 출발점 같지만, 저는 구약성경의 에스겔 33-34장을 통해 이 요지를 설명하고 싶습니다. 이 본문을 아주 빠르게 살펴보겠습니다.

가령 내가 악인에게 말하기를 너는 죽으리라 하였다 하자. 그가 돌이켜 자기의 죄에서 떠나서 정의와 공의로 행하여, 저당물을 도로 주며 강탈한 물건을 돌려보내고 생명의 율례를 지켜 행하여 죄악을 범하지 아니하면, 그가 반드시 살고 죽지 아니할지라. 그가 본래 범한 모든 죄가 기억되지 아니하리니 그가 반드시 살리라. 이는 정의와 공의를 행하였음이라 하라. (33:14-16)

그러므로 내가 내 양 떼를 구원하여 그들로 다시는 노략거리가 되지 아니하게 하고 양과 양 사이에 심판하리라. 내가 한 목자를 그들 위에 세워 먹이게 하리니, 그는 내 종 다윗이라. 그가 그들을 먹이고 그들의 목자가 될지라. 나 여호와는 그들의 하나님이 되고 내 종 다윗은 그들 중에 왕이 되리라. 나 여호와의 말이니라. 내가 또 그들과 화평의 언약을 맺고 악한 짐승을 그 땅에서 그치게 하리니, 그들이 빈 들에 평안히 거하며 수풀 가운데에서 잘지라. 내가 그들에게 복을 내리고 내 산 사방에 복을 내리며 때를 따라 소낙비를 내리되 복된 소낙비를 내리리라. 그리한즉 밭에 나무가 열매를 맺으며 땅이 그 소산을 내리니, 그들이 그 땅에서 평안할지라. 내가 그들의 멍에의 나무를 꺾고 그들을 종으로 삼은 자의 손에서 그들을 건져낸 후에 내가 여호와인 줄을 그들이 알겠고. (34:22-27)

왜 제가 에스겔 33-34장으로 논의를 시작했을까요? 이 본문은 성경 안의 중요한 경향성을 나타내는 예입니다. 어떤 현대 학자들은 이 경향성을 좋아하지 않습니다. 이것은 바로 성경의 처음부터 끝까지 하나님의 구원 활동에는 두 가지 면이 나란히 드러난다는 점입니다. 한 면은 해방입니다. 또 다른 면은 죄의 용서입니다. 위의 본문에서 에스겔 33장은 하나님의 약속을 기록합니다. "그가 본래 범한 모든 죄가 기억되지 아니하리니." 바로 다음 장(34장)에서는 하나님의 칙령이 선포됩니다. "내가 그들의 멍에의 나무를 꺾고 그들을 종으로 삼은 자의 손에서 그들을 건져낸 후에 내가 여호와인 줄을 그들이 알겠고." 죄 용서와 해방이 나란히 등장하고, 종노릇하게 하는 멍에의 나무가 꺾입니다.

우리가 방금 본 에스겔서 본문에는 중요한 세 번째 차원이 있습니다. 이것은 우리가 34장에서 보았는데, 바로 하나님이 이 구원을 이루시기 위해 사용할 대표자를 임명하셨다는 것입니다. 이 세 번째 차원에서 그 대표자는 바로 다윗입니다. "나 여호와는 그들의 하나님이 되고 내 종 다윗은 그들 중에 왕이 되리라." 하나님이 그들을 구하실 것이지만 다윗이 그들을 돌볼 것입니다. 이것은 역사적

인물 다윗을 말하는 것이 아닙니다. 에스겔이 예언할 당시는 다윗이 죽은 지 수백 년이나 지난 후입니다. 여기서 다윗은 미래에 나타날 다윗과 같은 인물을 뜻합니다. 에스겔은 이 인물을 고대하고 있었던 것입니다.

속죄에 대해 제가 쓴 책[8]의 마지막 문장은 복음서에서 온 것으로, 성공회 기도서에 있는 옛 결혼 예배에 인용되는 구절입니다. "하나님이 짝지어 주신 것을 사람이 나누지 못할지니라"(막 10:9). 제가 염려했던 것 중 하나는 다음과 같습니다. 속죄에 대한 여러 주제 중 하나를 핵심 주제로 삼으려는 학자들은 자신들이 발견한 것이 속죄에서 가장 흥미로운 사실이며 다른 모든 것은 이차적이라고 생각하는 실수를 범한다는 것입니다.

어떤 사람은 대표성을 핵심 주제라고 생각합니다. 어떤 이는 해방을 핵심 주제로 만듭니다. 구약성경의 어떤 구체적 측면을 속죄의 의미를 이해하는 열쇠라고 생각하는 사람도 있습니다. 이 학자 중 몇몇과 제가 책에서 집중적으로 다루는 학자들은 모두 속죄에 특정한 핵심 주제가 있다고 말하며, 그렇기에 대리 개념은 속죄의 핵심적인 면이 될 수 없다고 주장합니다. 제가 『대속을 변호하다』(*Defending Substitution*)에서 보여 주고자 하는 것은 대리 개념이 신약성경에서의 속죄의 의미에서 필수 불가결하다는 것입니다. 이것이 철학적으로 의심스럽다거나 도덕적으로 터무니없다는 말(우주적

---

8 ⎯ Simon J. Gathercole, *Defending Substitution: An Essay on Atonement in Paul* (Grand Rapids: Baker Academic, 2015).

아동 학대 혹은 그것과 비슷하다는 전형적 수사법)은 아주 형편없는 수사법이며 신약성경과는 특별한 상관이 없는, 그저 학자 자신의 가정과 편견을 보여 주는 것입니다. 많은 이에게 대리 개념이 속죄의 자연스러운 부분으로 보일지 모르지만, 제가 속한 학계 문화에서 이것은 상당히 의심스러운 것으로 여겨집니다. 사실 어느 선임 학자는 심지어 바울이 고린도전서에서 대리 개념을 설명하기는커녕 공격하고 있다고 주장했습니다. 제가 이 책을 쓰고 있을 때 한 학자와 대화했던 기억이 납니다. 요즘 어떻게 지내냐는 그분의 질문에 대리 개념에 관해 책을 쓰고 있다고 말하자 그는 이렇게 대답했습니다. "아이고 사이먼, 대리라니! 그 말 자체만으로도, 윽." 그래도 예전에는 사람들이 대리 개념에 대해 신중하게 생각하고 반응했지만, 이제는 거의 본능적으로 감정적 거부감을 표시합니다.

어떤 점에서는 이렇게 된 이유가 대리 개념에 대한 나쁜 논증들이 존재하기 때문일 것입니다. 라이트 교수님이 그중 몇 개를 언급하셨죠. 예를 들어, 로마서 3:25의 '힐라스테리온'이라는 단어가 대리적 제사라는 생각은 지지하기 어렵습니다. 그러나 제가 연구해 온 환경에서는 대리 개념은 상당히 의심받았고 특히 십자가를 이해하는 바울의 견해에 관한 한 더욱 그랬습니다. 그래서 저는 제 책에서 대리 개념의 대안으로 제시되는 것 중 지적으로 아주 설득력 있는 이론들을 골라 공정하게 다루려고 애썼습니다. 그리고 그들이 틀렸을 수 있는 지점도 설명하고자 했습니다.

제가 앞서 언급한 요지에 추가해서 말하면, 이러한 학자 중 많은 이는 속죄에 대해 자신이 가장 좋아하는 접근법을 취하여 그것을 지배적으로 만듭니다. 이때 속죄에 대한 학문적 논의에서 발견되는 또 하나의 문제가 있습니다. 어떤 이들이 속죄의 초점, 즉 십자가의 초점이 그리스도 안에서 하나님이 죄와 사망의 악한 세력을 해결하신 데 있다고 주장한다는 것입니다. 여기서 죄는 세력을 가진 존재로 표현되어 단수로 쓰고 대문자 S로 시작합니다(Sin). 이 죄에 비해, 하나님이 개개인이 저지른 작은 죄들을 해결하시는 일은 사소해집니다. 하지만 신약성경을 보면, 예수님의 십자가 성취를 다룬 많은 요약문이 예수님께서 복수형으로 표현된 죄, 즉 '죄들'(sins)을 위해 죽으셨다고 묘사한다는 것이 분명하게 드러납니다. 이 요지는 조금 후에 죄 용서와 대리 개념이 서로 밀접하게 연관되어 있음을 설명할 때 다시 다루도록 하겠습니다.

고린도전서 15장

제가 짧게 언급하고 싶은 본문 두 개가 있습니다. 첫 번째 본문은 고린도전서 15:3-4이고 그다음은 11절입니다. "내가 받은 것을 먼저 너희에게 전하였노니, 이는 성경대로 그리스도께서 우리 죄(sins)를 위하여 죽으시고 장사 지낸 바 되셨다가 성경대로 사흘 만에 다시 살아나사…. 그러므로 나나 그들이나 이같이 전파하매 너희도 이같이 믿었느니라"(15:3-4, 11).

제 생각에 우리는 이 구절들을 자세히 살펴봐야 합니다. 왜냐하면 이것이 좋은 소식의 요약이라고 바울이 말하고 있기 때문입니다. 이것은 독불장군 같은 바울이 어쩌다 설교했던 내용을 요약한 것이 아닙니다. 바울은 이것이 '가장 중요'(of first importance, 개역개정은 "먼저"로 번역―옮긴이)하다고 말합니다. 바울은 이것이 **모든 사도가 설교하는** 복음의 요약이라고 주장합니다. 이 요약문에서 바울은 사도든 누구든 예수님의 부활을 본 모든 증인은 "이같이 전파하매 너희도 이같이 믿었느니라"고 말합니다. 따라서 이 본문은 중요하며, 복음이 무엇인지를 이해하는 데 중요한 출발점입니다.

십자가, 즉 우리의 죄들(sins)을 위한 예수님의 죽음이 "성경대로" 일어났다는 것은 무슨 뜻입니까? 구약성경의 틀을 형성하는 한 원리를 말하자면, 구약성경 내내 불순종은 죽음에 이르게 한다는 것입니다. 이것은 에덴동산에서 아담과 하와의 불순종과 이스라엘의 불순종, 이방인의 불순종 모두 해당합니다. 이 원리는 창세기 앞부분에서 명확하게 표현됩니다. "선악을 알게 하는 나무의 열매는 먹지 말라. 네가 먹는 날에는 반드시 죽으리라 하시니라"(2:17). 이와 비슷하게 신명기도 이렇게 저주를 내립니다. "네가 악을 행하여 그를 잊으므로 네 손으로 하는 모든 일에 여호와께서 저주와 혼란과 책망을 내리사 망하며 속히 파멸하게 하실 것이며"(28:20). 자, 이것을 우리는 기본 원리라고 부를 수 있을 것 같습니다. 하나님의 은혜를 제외한 경우 그렇습니다. 개인의 예를 들면, 시므리왕의 경우인데, 구약성경에서 아주 잘 알려진 왕은 아닙니다. 하지만 이 왕의 죽음은 고린도전서 15:3의 공식, 즉 "그리스도께서 우리 죄를 위하여 죽으시고"(Christ died for our sins)와 아주 비슷한 언어로 묘사됩니다. 이 구약성경 이야기의 헬라어 버전은 거의 똑같은 언어로 쓰였으며, 차이점은 "시므리가…죽었으니 이는 그가 여호와 보시기에 악을 행하여 범죄하였기 때문이니라"(King Zimri died for his own sins, which he had committed, 왕상 16:18-19)라고 말한다는 것입니다. 이것이 죄와 사망 사이의 연결고리입니다.

복음의 경이는 우리의 죄와 죽음 사이의 이 연결고리가 부서졌다는 것입니다. **그리스도가 우리의** 죄를 위해 죽으셨습니다. 대리 개념이 복음의 중심에 있습니다. 그리스도가 죽으셨기 때문에 우리는 죽을 필요가 없습니다. 그리스도가 우리의 죄를 짊어지셨기 때문에 우리는 그럴 필요가 없는 것입니다.

여기서 우리의 죄와 죽음 사이의 연결고리가 부서진 것에 대해 이렇게 물을 수 있습니다. "이것은 그리스도의 죽음이 성경을 따르지 않는다는 뜻 아닙니까? 만약 이것이 사실이라면, 그리스도의 죽음이 성경과 모순되는 것입니까?" 하지만 성경은 우리에게 더 큰 그림을 보여 줍니다. 아담과 하와의 죄와 죽음, 그리고 이스라엘의 죄와 언약의 저주라는 패턴 외에 은혜가 있습니다. 은혜는 인간의 생각으로는 비논리적입니다. 원리에 맞지 않습니다. 어떤 점에서는 불의하다고까지 여겨질 수도 있습니다. 우리가 마땅히 받아야 하는 것을 하나님이 주시지 않기 때문입니다. 이러한 은혜의 패턴이 구약성경 내내 등장합니다. 그 예로 레위기 제사 제도가 있습니다.

하지만 구약성경에서 이 패턴이 깨지는 곳은 뭐니 뭐니 해도 이사야 53장의 고난받는 종 이미지입니다. 이사야 53장의 배경에서

종은 어떤 한 사람으로 등장합니다. 그와 같은 시대를 사는 동료 유대인들이 그를 박해하여 죽입니다. 53:4에 의하면 그때 그들은 그가 하나님께 징벌을 받는다고 생각했습니다. 하지만 시간이 지난 후 이 이스라엘 사람들은 그들이 행한 일이 죄였다는 끔찍한 깨달음에 도달합니다. 이것을 어떤 학자는 "뒤늦은 깨달음의 드라마"라고 불렀습니다. 이스라엘 사람들은 그가 죽은 원인에 대해 일종의 신학적 부검을 한 결과 자신들이 죄인이고 그는 무죄임을 발견한 것입니다. 이뿐 아니라 이 종은 신비로운 방식으로 이 이스라엘 사람들을 구원했습니다. 그는 그들의 죄로 인해서 죽었고 또한 그 죄를 해결하기 위해 죽은 것이었습니다. 이 요지가 이 장에서 계속 반복됩니다.

> 그는 우리의 죄를 짊어지셨다.
> 그는 우리의 죄악 때문에 상하셨다.
> 그는 우리의 죄 때문에 맞으셨다.
> 그가 맞으심으로 우리가 나음을 받았다.
> 하나님이 우리의 죄로 인해 그를 내어 주셨다.

이것은 이사야 53장에 나오는 여러 유사한 표현 중 일부일 뿐입니다.

여기서 핵심 요지 하나는, 문법적으로 말하면, 일인칭 복수와 삼인칭 단수가 계속해서 번갈아 등장한다는 점입니다. "우리" 혹은 "우리의"와 "그"가 번갈아 나오는 것입니다. 여기서 우리는 그리스도인 "그"가 "우리의" 죄를 위해 죽으셨다는 패턴을 발견합니다(사 53:10, 12; 고전 15:3을 참조하십시오). 여기서 바울이 대리의 언어, 이사야 53장의 대리의 언어를 가져다 쓰고 있음이 분명합니다. 그렇기에 그리스도의 죽음이 실로 성경대로 이루어진 것입니다. 하지만 그리스도의 죽음은 이 본문의 원래 의미에 물론 제한되지 않습니다. 바울은 현대의 구약학자처럼 이사야 53장을 읽지 않습니다. 그는 고난받는 종을 그리스도 안에서 실현될 더 큰 현실에 대한 예표로 봅니다. 그리스도는 고난받는 종과 같이 그의 동시대 이스라엘 사람들을 위해서만 죽지 않으셨습니다. 그는 수 세기에 걸쳐 존재한 유대인들 곧 이스라엘 사람들을 위해 죽으신 것입니다. 그리고 예수님의 죽음은 고린도 그리스도인들의 죄를 위한 것이기도 합니다. 여기서 우리는 대리와 용서 사이의 연결고리를 봅니다. 그리스도가 죄를 위해 죽으셨기 때문에 고린도 사람들이 죽지 않아도 되며, 우리도 기적적으로 죽지 않아도 되는 것입니다. 이것은 중요한 메시지입니다. 제가 이미 언급한 것같이, 이 내용이 '가장 중요'합니다. 이것은 1절에서 바울이 설교한 복음의 요약으로 소개됩니다. 또한 모든 사도가 설교한 복음일 뿐 아니라 구원의 도구이기도 합니다. 그래서 저는 바울이 그리스도의 죽음을 대리 개념으로 가르친다고 생각할 좋은 시작점이 이 본문이라고 생각합니다. 그다음 이와 비슷한 로마서 4:25("예수는 우리가 범죄한 것 때문에 내줌이 되고 또한 우리를 의롭다 하시기 위하여 살아나셨느니라") 혹은 갈라디아서 1:4("우리 죄를 대속하기 위하여 자기 몸을 주셨으니") 같은 본문으로 옮겨 갈 수 있습니다. 이 본문들은 아주 비슷한 특성을 공유합니다.

로마서 5장

죄를 위해 죽는다는 언어 외에, 바울과 요한과 다른 신약성경 저자들은 그리스도가 '우리를 위하여' 죽으신다는 공식도 사용합니다. 이것은 이사야 53장에서도 비슷한 종류의 공식으로서 사용됩니다. 하지만 '그리스도가 죄를 위해 죽으셨다'라는 표현과 '그리스도가 사람들을 위해 죽으셨다'라는 표현은 약간 다릅니다. 로마서 5장은 바울이 의도한 이 공식의 의미가 무엇인지를 이해할 수 있는 좋은 시작점입니다. 이 장은 예수님의 죽음을 더 넓은 사회 배경, 즉 바울 당시 로마 이교도의 문학적 배경 속에 위치시킵니다. "우리가 아직 연약할 때에 기약대로 그리스도께서 경건하지 않은 자를 위하여 죽으셨도다. 의인을 위하여 죽는 자가 쉽지 않고 선인을 위하여 용감히 죽는 자가 혹 있거니와, 우리가 아직 죄인 되었을 때에 그리스도께서 우리를 위하여 죽으심으로 하나님께서 우리에 대한 자기의 사랑을 확증하셨느니라"(롬 5:6-8).

이 본문의 중심인 7절에 나오는 바울의 관찰은 로마 환경에서 사는 거의 모두가 동의할 만한 내용입니다. "의인을 위하여 죽는 자가 쉽지 않고, 선인을 위하여 용감히 죽는 자가 혹 있거니와…" 대리하여 죽는다는 것은 누구나 이해할 수 있는 익숙한 개념이라고 바울은 지적합니다. 대리라는 개념 자체는 사실 이해하기 쉽습니다. 축구 선수조차도 대리가 무엇인지 이해할 수 있습니다.

하지만 대리해서 죽는 죽음은 대리해서 경기하는 축구와는 달리 드물게 발생합니다. 전쟁 상황이 아니라면 대리해서 죽는 상황을 만들기가 상당히 어렵습니다. 바울이 속한 환경에서 다른 어떤 사람을 위해 대리해서 죽는다는 개념은 문학 작품에서 발견됩니다. 구약성경에는 별로 많지 않습니다. 고난받는 종은 구약성경 전체에서 하나의 예외적인 경우에 속합니다. 구약성경 이후의 유대 문헌에서도 이 개념은 두드러지지 않습니다. 하지만 이교도 문학에서는 중요합니다. 고전 문학에서 한 사람이 다른 사람을 위해 죽는다는 주제는 상당히 흔합니다. 그리고 저자들도 종종 바울과 같은 종류의 표현을 사용합니다. 고전 문학에서 다른 사람을 위해 죽는 한 사람의 주요한 전형은 에우리피데스(Euripides)가 기원전 438년에 쓴 『알케스티스』(Alcestis, 지만지드라마)라는 희곡에 뿌리를 둡니다. 이 작품은 제 마음에 특별히 남아 있는데 왜냐하면 이것이 제가 어렸을 때 본 첫 번째 그리스어 연극이었기 때문입니다.

이 희곡의 주인공 알케스티스는 이후의 그리스 문학에서 수십 번 언급됩니다. 이 인물은 고대 그리스 신화에서 확고한 위치를 차지합니다. 왜 알케스티스가 유명할까요? 그 이유는 그녀가 자신의 남편을 대리해서 죽었기 때문입니다. 그녀는 다른 사람을 위해 자신을 바친 아내의 본보기이자 주인공의 본보기입니다. 그리스 문학에는 배우자든 연인이든 가족의 일원이든 다른 이를 위해 죽은 사람의 예가 넘쳐 납니다. 고대 세계에서 대리해서 죽는 것은 철학, 역사, 드라마, 시 등 모든 종류의 문헌에 나옵니다.

물론 바울의 요지는 그리스도의 죽음이 이러한 죽음과 얼마나 같은가가 아니라 얼마나 다른가입니다. 로마서 5:8에서 바울은 이어서 말합니다. "우리가 아직 죄인 되었을 때에 그리스도께서 우리를 위하여 죽으심으로 하나님께서 우리에 대한 자기의 사랑을 확증하셨느니라." 우리를 향한 사랑을 통해 하나님이 드러내신 가치는 우리가 이교도 세상에서 보는 것과 완전히 다릅니다. 바울과 동시대에 로마에서 활동했던 1세기 철학자 세네카의 다음 문장에는 이교도적인 생각이 상당히 잘 드러나 있습니다. "만약 어떤 사람이 자격이 있는 자라면, 나는 피를 흘리더라도 그를 변호할 것이고 위험 속에서도 내 역할을 해내겠다. 만약 그가 자격이 없는 사람이라면, 소리를 질러서 그를 강도로부터 구할 것이다. 한 존재를 구하기 위해 소리 높이기를 주저하지 않을 것이다"[『베풂의 즐거움』(*On Benefits*, 눌민), 1.10.5]. 바꿔 말하면, 목숨을 거는 일은 신중하게 결정해야 한다는 것입니다. 그자가 당신이 목숨을 바치면서까지 구할 만한 가치가 있는 대상입니까? 세네카는 그럴 가치가 있는 사람이어야 한다고 말합니다. 자격 없는 사람에 대해서는 소리를 지르거나 응급 번호로 전화를 걸어 줄 수는 있어도 당신의 목숨을 걸지는 말라는 것입니다. 이것이 표준이자 논란의 여지가 없는 관점이었습니다.

바울은 하나님의 사랑을 이러한 태도와 아주 강력하게 대비시킵니다. 물론 어떤 점에서 바울은 그리스도의 죽음을 다른 비슷한 죽음과 분명 비교하고 있습니다. 비교 자체가 가능하려면 비교할 만한 점이 어느 정도 존재해야 합니다. 고슴도치와 아인슈타인의 상대성 이론은 비교 자체가 불가능합니다. 비교하기 위해서는 비교를 가능하게 하는 어떤 지점이 있어야 합니다. 여기 로마서 5장에서 비교되는 것은 한 사람이 다른 사람을 위해 죽을 수 있는 여러 다른 방식입니다. 로마서 5:6-8은 목숨을 위한 목숨의 교환을 다루고 있습니다.

속죄에 대한 모든 것을 다루는 것이 저의 바람은 아니었습니다. 저는 대리 개념에 집중했습니다. 포괄적인 설명을 제공하려면, 속죄에 대한 다른 모든 측면도 탐구해야 할 것입니다. 대리 개념이 하나님의 사랑과 우리의 죄를 보여 주며, 죄로 인해 죽지 않아도 된다는 확신을 심어 준다는 목양적인 면도 포함해서 말입니다. 또한, 제가 앞서 언급했듯이, 대리를 다른 성경적 틀들과도 연결해야 하며 해방과 대표의 개념과도 통합시켜야 할 것입니다.

그리스도가 죽으신 목적

결론짓자면 저는 무엇보다도 대리의 목적에 초점을 두어야 한다고 생각합니다. 그리스도가 죽으신 최종 목적은 하나님의 영광입니다. 십자가는 우선적으로 우리나 세상에 관한 것이 아니라 궁극적으로 하나님이 자기 자신에게 영광을 돌리고 자신의 이름을 영화롭게 하는 데 그 목적이 있습니다. "그리스도께서 하나님의 진실하심을 위하여 할례의 추종자가 되셨으니, 이는 조상들에게 주신 약속들을 견고하게 하시고 이방인들도 그 긍휼하심으로 말미암아 하나님께 영광을 돌리게 하려 하심이라"(롬 15:8-9).

✦ 주장과 반박: 토론 ✦

라이트 우리가 거의 모든 것에 동의만 할까 봐 염려되기 때문에 우리가 실제로 서로 반대하고 반박할 수 있는 내용을 찾으려고 노력해야 할 것 같습니다. 제가 발표를 먼저 했으니 질문은 개더콜 교수님이 먼저 하시고 거기서부터 이야기를 이어 나가죠.

개더콜 네 좋습니다. 이방인은 어떻게 그들의 죄를 용서받습니까?

라이트 아주 좋은 질문입니다. 제가 『혁명이 시작된 날』을 쓰면서 더욱 깨닫게 된 흥미로운 요지가 하나 있습니다. 유대인에게 있어서 이방인의 일차적인 문제는 그들이 우상숭배자라는 것입니다. 그들은 우상을 숭배합니다. 그들이 죄를 짓는 이유는 우상을 숭배하기 때문입니다. 따라서 가장 먼저 일어나야 할 일은 우상이 이방인에게 발휘하는 힘이 제압되는 것입니다. 왜냐하면 그렇게 될 때 이방인이 하나님의 백성으로 환대받을 수 있기 때문입니다. 그리고 하나님의 백성으로 환대받는다는 것은 바로 그들의 모든 과거가 이제 정말 과거에 **지나지 않는다**고 주장하는 것입니다. 그 과거는 현재에 전혀 영향을 미치지 않습니다. 이것이 용서의 의미입니다.

제 생각에 이 요지를 가장 잘 표현하는 본문은 요한복음 12장입니다. 여기서 그리스 사람들이 예수님을 보고자 합니다(12:21). 예수님이 여기서 완전히 다른 이야기를 시작하시는 것 같지만 결국은 이렇게 말씀하십니다. "이제 이 세상에 대한 심판이 이르렀으니 이 세상의 임금이 쫓겨나리라. 내가 땅에서 들리면 모든 사람을 내게로 이끌겠노라 하시니"(12:31-32). 바꿔 말하면, 지금은 그리스 사람들과 이야기를 나누어 봤자 효과가 없는데 왜냐하면 그들은 이방인이기 때문입니다. 그들은 어차피 이해하지 못할 것입니다. 더 중요한 점은 이 세상의 임금, 곧 어둠의 세력이 그들을 여전히 붙들고 있다는 것입니다. 하지만 예수님은 자신의 죽음으로 그들을 붙드는 어둠의 세력을 무찌르겠다는 암시를 줍니다.

제가 이 주제를 연구하기 시작했을 때, 저는 이것이 실제로 갈라디아서에도 깔려 있음을 깨달았습니다. 전체 요지(개더콜 교수님의 책에서 이 요지를 아주 잘 다루어 주셨습니다)의 일부가 갈라디아서 1:4에 이렇게 나옵니다. 메시아가 "이 악한 세대에서 우리를 건지시려고 우리 죄(sins)를 대속하기 위하여 자기 몸을 주셨으니." 이 말은, 어둠의 세력에 대한 승리가, 어둠의 세력에 대한 구원적인 승리가, 어둠의 세력에서부터 자유롭게 하는 승리가, 그 승리가 죄들을 위한 죽으심을 **통해** 성취되었다는 것입니다. 거꾸로 말하면, '죄들을 위한 죽으심'은 이스라엘을 위한 것이고, 이스라엘이 세상을 대표하기 때문에 세상을 위한 것이기도 한데, 이 사건이 **인간을 종으로 삼아 붙들고 있는 어두운 세력의 힘을 부순다는 것입니다**. 이것이 이방 선교의 이유입니다. 이방 선교는 단순히 바울과 그의 일행이 예수님을 알아야 하는(하지만 그 메시지가 얼마나 말도 안 되는지를 깨달을 만큼 교육을 잘 받지 못한!) 사람들을 더 찾으러 다니는 것이 아닙니다.

요지는 어둠의 세력에 대해 승리했다는 것입니다. 바울은 사람들이 숭배하는 우상들이 사실상 두들겨 맞은 오합지졸에 불과하다는 사실과, 누구를 막론하고 어떤 사람이든 그 우상들을 버려도 신학적으로 아무런 처벌의 위험이 없다는 것을 알았기 때문에 이방 도시들을 두루 다닐 수 있었습니다(물론 화나거나 이를 이해하지 못한 이웃들의 복수를 당할 수는 있었습니다). 이전에는 사람들이 우상을 떠날 수 없었지만, 이제는 그렇게 할 수 있습니다. 왜냐하면 우상의 세력이 파괴되었기 때문입니다. 이것이 제 생각에는 이방인 용서의 뿌리입니다. 납득이 되십니까?

개더콜 음, 생각 좀 해 보고요….

라이트 그렇다고 해 주세요!

개더콜 제 생각에 그리스도가 우리의 죄를 위해 죽으셨다는 표현이 교수님의 요지를 나타낸다고 하기에는 좀 무리가 있어 보입니다. 그리고 바울이 어떻게 갈라디아서 1:4에서 한편으로는 어둠의 세력들을 무찌르는 것이 용서의 수단이 된다고 말하고, 또한 거꾸로 용서가 어둠의 세력을 무찌르는 수단이 된다고도 말하는지 잘 이해되지 않습니다.

라이트 아, 그게 아닙니다. 갈라디아서 1:4에서는 **하나**만 말합니다. 이 구절에서 바울은 메시아가 우리의 죄들을 위해 죽으셨는데, 우리를 자유롭게 **하기 위해서**, 우리를 구출하고자, 구출의 수단으로 그렇게 하셨다고 말합니다. 하지만 이것은 제가 교수님께 물어보고자 했던 질문 중 하나인데, 교수님이 아까 잘 강조하셨던 고린도전서 15:1-11을 어떻게 이해하시는지 궁금합니다. 저는 제 요지가 15:20-28에 많이 깔려 있다고 생각합니다. 왜냐하면 15:1-11에서 바울이 "성경대로 그리스도께서 우리 죄를 위하여 죽으시고"라고 말한 것은 앞으로 나올 내용을 가리키는데 구체적으로는 15:20-28에서 인용하는 '메시아적' 성경 본문을 가리키는 것 같기 때문입니다. 그런데 이 메시아적 성경 본문은 사실상 메시아의 승리와 보좌에 앉으심에 관한 본문입니다. 시편 110편의 영향이 감지되고 시편 8편의 메아리도 반복적으로 들립니다. 시편 2편도 살짝 보이고 다니엘 7장의 메아리도 들립니다. 이 대화를 듣고 있는 여러분들이 고린도전서 15:20-28의 내용에 익숙하셨으면 좋겠습니다. 여기서 바울은 메시아가 죽은 자 가운데서 다시 살아나셔서 잠자는 자들의 첫 열매가 되셨다고 주장합니다. 여기에는 특히 창세기의 메아리가 여러 번 들립니다. 바울은 원래의 창조 프로젝트를 쇄신하는 새 창조를 설명하고 있는 것입니다. 그런데 바울은 특히 메시아가 모든 원수를 그의 발아래 둘 때까지 반드시 왕 노릇 하신다고 주장합니다(15:25-28). 이것은 메시아의 **승리**에 관한 것으로서 성경의 내러티브에 따른 것입니다. 그래서 저는 이 본문이 15장 앞부분에 나온 복음 공식에 밀접하게 속해 있는 것으로 읽힙니다. 교수님도 이렇게 해석하실 것이라 생각합니다. 제 설명이 교수님의 질문에 답이 되었나요?

개더콜 네 그렇습니다. 하지만 모든 것을 합쳐서 다 똑같이 만드는 것은 위험합니다. 그 점이 좀 염려가 됩니다.

라이트 흠, 아니요, 저도 그러고 싶지 않습니다. 왜냐하면 제가 말쏟드리다시피, 이것은 순차적인 내러티브이기 때문입니다.

개더콜 흠, 고린도전서 15:1-11은 그다음에 이어지는 본문과는 상당히 다릅니다. 15:12에서부터 새 논증이 시작되니까요.

라이트 저는 바울이 여러 다른 모델을 사용한다는 생각이 마음에 들지 않습니다("바울이 법정을 염두에 두고…아, 그리고 그다음엔 노예 시장을 떠올리고,…그다음엔 이것저것 생각하고…"). 그렇게 하는 것은 전체를 분해하는 일이라고 저는 생각합니다. 그것들은 성경의 패턴에 맞게 재조립되어야 합니다. 하지만, 맞습니다, 분명 본문에 따라서 어떤 한 요지를 강조하는 본문이 있고 다른 요지를 강조하는 본문이 있습니다. 여기서 우리가 고려해야 할 본문 하나를 추가하자면, 고린도전서 2:8입니다. 여기서 바울은 "이 지혜는 이 세대의 통치자들이 한 사람도 알지 못하였나니" 왜냐하면 그들이 "만일 알았더라면 영광의 주를 십자가에 못 박지 아니하였으리라"고 말합니다. 바울은 여기서 십자가가 그들의 패배라고 실제로 말하지는 않지만, 그것이 강하게 암시되어 있습니다. 만약 가이사와 그의 백성, 그리고 그들 뒤에 있는 어둠의 세력들이 자신들의 행위가 스스로 사형 집행 영장에 서명하는 것임을 깨달았다면, 이렇게 말했을 것입니다. "아닙니다, 아니에요, 그런 짓을 하지 맙시다." 골로새서 2:15도 있습니다. 여기서 바울은 통치자와 권세가 무력화되고 구경거리가 되었다고 말합니다. 하지만 더 큰 본문에 있어서는, 최소한 부분적으로는, 모두 용서에 관한 것입니다. 납득이 되십니까?

개더콜 네, 그렇습니다.

라이트 아주 좋습니다! 교수님이 대리 개념에 대해 말씀하고 계시니 저도 하나 물어보겠습니다. 제 생각에 저는 기본적으로 교수님의 말씀 대부분에 동의합니다. 특히 알케스티스에 관한 논증을 통해 선인을 위해 대리해서 죽는 경우를 설명해 주신 것이 좋았습니다. 다른 예들도 있지요. 그런데 저는 이교도 문학에서 **나쁜** 사람들을 위해 죽는 예가 나오는 곳을 알고 싶었습니다. 예를 들어, 이피게네이아의 죽음이 바람을 올바른 방향으로 불게 하여 어리석은 왕 아가멤논이 이끄는 원정군이 결국 트로이에 도착할 수 있었다는 이야기가 있습니다. 이것은 명분이 좋은 죽음이 아니었습니다. "우리가 치러야 하는 전쟁이 있으니, 이를 위해 아무 죄 없는 내 딸을 희생시켜야겠다"라는 것이 이피게네이아가 죽은 이유였습니다. 좋은 이야기가 아니죠. 그렇다면 이건 어떻게 이해해야 합니까? 마르틴 헹엘(Martin Hengel)은 속죄에 대한 그의 책에서 이러한 이야기들을 여럿 인용한 후 이렇게 간단히 말합니다. "이 모두가 복음을 위한 준비다."[9] 저는 "글쎄, 그렇지는 않다"고 말하고 싶습니다. 교수님은 아마 헹엘보다 저에게 더 동의하시지 않을까 생각하는데, 교수님의 자세한 설명을 직접 듣고 싶습니다.

개더콜 제 책의 서론에서 제가 하려고 했던 것 중 하나는 이렇게 얽힌 여러 생각을 푸는 것이었다고 생각합니다. 그래서, 예를 들면, 몇

---

[9] ── Martin Hengel, *The Atonement: The Origins of the Doctrine in the New Testament* (London: SCM Press Ltd., 1981), pp. 1-32, 특히 pp. 31-32. 『신약성서의 속죄론』(대한기독교서회).

몇 교회에서 우리는 대리 개념과 유화(propitiation, 누그러뜨림) 개념이 속죄를 표현하는 전통적인 기독교 방식이라고 통상적으로 말할 것입니다. 자, 대리와 유화가 함께 작용하는 체계를 분명히 생각할 수 있습니다. 하지만 이 두 가지가 같은 것은 아닙니다. 유화가 없는 대리를 생각할 수 있고, 대리가 없는 유화를 생각할 수 있습니다. 고대 세계에서는 어떤 사람이 유화의 목적으로 신들을 위한 기념비를 세울 수 있습니다. 이것은 어떤 것도 대리하지 않는 방식으로 나타나는 유화의 경우입니다. 이와 비슷하게, 축구에서의 대리에는 유화가 없습니다. 이 둘은 논리적으로 다릅니다. 교수님이 말씀하신 이피게네이아의 경우도, 아가멤논이 자신의 딸 이피게네이아를 희생시킨 것은 그리스인들에게 화난 헤라가 이들이 트로이에 가서 헬레네를 되찾는 것을 원치 않았기 때문입니다. 이것은 유화의 경우이지만 대리는 아닙니다. 따라서 교수님은 이러한 경우들을 가리켜 C. S. 루이스의 표현을 빌리자면, 신화가 복음을 파편적이고 굴절된 방식으로 반영하고 있는 예라고 말씀하실지 모르지만, 복음에 대한 정확한 유비는 아닙니다.

라이트 하지만 위험한 부분이 있습니다…. 저는 의심의 여지없이 우리 모두 이 점에 대해 루이스에 동의한다고 생각합니다. 즉, 인간 문화 전체를 놓고 볼 때, 우리는 하나님이 자기를 증언하셨음을 나타내는 모든 종류의 표시를 발견합니다. 문제는 표시 중 하나를 가지고 그것을 기반으로 하나의 체계를 만들면, 전체가 뒤틀어질 것이라는 점입니다. 이것이 제가 개더콜 교수님이 저의 대화 상대가

될 거라는 소식을 듣고 기뻤던 이유 중 하나입니다. 왜냐하면 전통이 '대리'나 '유화' 같은 커다란 개념을 어떻게 사용해 왔든지 간에 우리는 성경으로 돌아가야 하며, 성경 원문의 번역본에서 사용되는 이러한 현대적인 전문 용어들 밑에 어떠한 구체적 의미가 있는지를 성경으로부터 알아내야 한다는 점에 우리 둘 다 전념한다고 생각하기 때문입니다.

이제 그럼 압박 질문을 드려도 될까요? 제가 교수님의 책을 읽었을 때, 저는 '다음 페이지에서는 로마서 8:3("율법이 육신으로 말미암아 연약하여 할 수 없는 그것을 하나님은 하시나니 곧 죄로 말미암아 자기 아들을 죄 있는 육신의 모양으로 보내어 육신에 죄를 정하사")을 다루시겠지'라고 생각하며 기다렸습니다. 왜냐하면 형벌 대리의 개념을 확실히 담고 있는 성경 구절 하나를 말하라고 하면, 저는 로마서 8:3을 선택할 것이기 때문입니다. 그리고 교수님도 이런 식으로 해석하시리라고 생각합니다. 그래서 교수님의 책이 '대리'를 주제로 삼았기 때문에, 저는 이 본문이 책 어딘가에서 등장할 것이라고 단순히 기대했습니다. 로마서 8:1부터 읽으면, 바울은 "이제 그리스도 예수 안에 있는 자에게는 결코 정죄함이 없나니…[십자가에서] 하나님은…**육신에 죄를 정하사**"라고 말합니다. 자, 이것은 명확하게 **형벌적**입니다. 바울은 '정죄'를 말하고 있습니다. **대리** 개념도 명확합니다. 예수님이 죽으셔서 그 때문에 우리에게 '정죄함이 없는' 것입니다. 하지만 우리는 이 점을 주목해야 합니다. 바울은 '하나님이 메시아의 육신에 있는 **죄**를 정죄하셨다'고 말하지 **예수님**을 정죄하셨다고 말하지 않습니다. 제가 이런 식으로 설명하는 것이 괜찮으십니까?

개더콜 제가 책에서 다루지 않은 본문이 많습니다. 그리고 저도 로마서 8:3이 어떤 면에서는 십자가 사건에 형벌이 연관되어 있음을 알려 주는 명확한 표현 중 하나라고 생각합니다. 로마서 3:21-26에도 어느 정도 나타난다고 생각하지만, 전통적으로 생각하듯이 '힐라스테리온'이라는 단어를 통해서 그 의미가 드러나지는 않습니다. 이 단어에 대해서는 우리 모두 언급했죠. 교수님이 제시하신 해석에 대해선, 십자가 사건이 예수님의 **육신**에 있는 죄에 대한 심판이지 예수님에 대한 심판은 아니라는 말이, 차이가 아닌 구분인 것 같다는 생각이 듭니다.

라이트 하지만 전통의 일부에 속한 사람들은 그렇게 생각하지 않았습니다. 그들은 "하나님이 예수님을 처벌했다"고 강조해 왔습니다. 그래서 제 생각에 매우 중요한 점은 이 주제에 대한 가장 명확한 성경적 진술이 아주 세심하게도 그런 말을 하지 **않는다**는 것입니다. 여기서 교수님이 말씀하신 죄와 '죄들' 사이를 구분하는 문제로 돌아가게 됩니다. 바울은 하나님이 죄(Sin)를 정죄했다고 말합니다. 제 생각에 오늘 저녁에 교수님은 단수 고유명사로 쓴 죄(Sin)가 도대체 무엇이라고 생각하시는지, 그리고 바울이 이 단어를 무슨 뜻으로 사용했는지 아직 자세히 설명하시지 않았습니다.

개더콜 네, 맞습니다. 아직 안 했습니다.

라이트 그럼 다시 한번 설명 부탁드립니다.

개더콜 네, 주요 논쟁은 죄가 일종의 내적 경향성이거나 타락 이후에 생긴 인간의 상태에 있어서의 결함인지, 아니면 물리쳐야 할 저기 바깥에 있는 세력인지에 관한 것입니다. 저는 바울이 어떻게 생각하는지를 결정하기가 무척 어렵다고 생각합니다. 저는 죄가 일종의 텅 빈 타락이라는 입장으로 살짝 기우는 것 같습니다. 어떤 사람들에게는 이것이 전통적인 견해입니다. 악은 실체가 있는 독립체가 아니라 일종의 존재의 결여와 같다는 것이죠.

라이트 네, 저도 어느 정도 교수님에 동의합니다. 하지만 저는 악(evil; Evil이든 evil이든 상관없이)의 세력을 무찌르는 것에 관한 모든 신약성경의 언어와 씨름하면서, 중요한 무언가가 있는 것 같다는 생각이 들었습니다. 사실 우상숭배는 복잡한 주제입니다. 기본적인 이치는, 선한 하나님이 만드신 선한 피조 세계가 있다면, 악과 악에 관련된 모든 것은, 엄밀하게 말해, 터무니없는 것입니다. 말이 되지 않습니다. 그렇기 때문에 이에 대한 좋은 언어가 우리에게 없는 것입니다. 고대 사람들도 이에 대한 좋은 언어가 없다는 사실을 잘 알지 않았나 싶습니다. 이것은 어두운 그늘 같습니다. '악'은 우리가 말하듯 '저기 바깥에' 있는 세력 같아 보이지만 쉽게 다룰 수가 없습니다. 지난 백 년 동안의 서양 역사를 돌아보면 누구든지 "각 개인이 저지르는 모든 나쁜 일의 총합계 그 이상의 어떤 악이 정말 있는 것 같다"고 말할 것입니다. 그러나 다시 말하지만, 이것에 대한 좋은 언어는 없는 듯합니다.

그렇다면 이것을 어떻게 설명할까요? 제 생각에 성경이 제안하는 설명은 다음과 같은 방향으로 진행되는 것 같습니다. 인간이 우상을 숭배할 때, 우리는 우상에게 우리를 지배하는 힘을 부여합니다. 그들 스스로는 가지지 못했을 힘이지요. 저는 이 원리를 골로새서 1장에서 봅니다. 여기서 바울은 세상의 모든 권세가 그리스도 안에서, 그리스도를 통해, 그리고 그리스도를 위해 만들어졌다고 말합니다. 그런데 한두 문장 뒤에, 바울은 이 권세들이 그리스도 안에서, 그리스도를 통해, 그리고 그리스도를 위해 **화해되었다**고 말합니다. 하지만 골로새서 2장에서는 그 권세가 예수님의 죽음으로 **패배했다**고 나옵니다. 따라서 우리는, 이 모든 것이 최소한 바울의 생각에서는 어떻게 통합되는지를 어느 정도 설명해야 합니다. 그러나 로마서 7장에서는 대문자 S로 표현되는 죄(Sin)가 나오는데, 이 죄가 존재한다는 증거는 "내"가 다음과 같은 사실들을 계속해서 발견하는 데 있습니다. 내가 계속 잘못된 일을 행한다는 것, 내가 죄를 짓는다는 것, 내가 '죄들'을 저지른다는 것….

개더콜 "내 속에 거하는 죄…"(롬 7:17-20).

라이트 네, 죄가 "내 속에 거하는" 것을 발견합니다. 하지만 이 '죄'(Sin)와 실제로 저지르는 죄들 사이의 상호작용이 의미하는 바는, 이 둘이 양자택일의 관계일 수 없다는 것이라고 생각합니다. 우리가 결국에는 이것에 동의하지 않을까 싶습니다.

개더콜 네. 그리고 이에 대해서도 우리가 동의할 것이라 확신하는데, 확실히 바울은 악이 어떻게 극복될지, 어떻게 이미 극복되었고, 또 최종적으로 극복될지를 강조하지, 악이 어디에서 왔는지 강조하지 않습니다.

라이트 물론입니다, 물론이에요! 맞습니다. 강조점은 언제나 승리에 있습니다. 승리가 (이미) 이루어졌다는 것이죠. 그리고 고린도전서 15장에서와 같이, 승리가 최종적으로 완성될 때는 사망 자체가 패배하고 하나님이 만유의 주로서 만유 안에 계시게 될 때입니다. 하나님이 만유 안에 계시는 것, 이것이 목적입니다. 우리가 이 세상을 탈출해서 다른 어떤 곳으로 가는 것이 아니죠.

그럼 이제 주제를 옮겨 바울이 로마서 3:25에서 사용하는 '힐라스테리온'이라는 단어에 대해 이야기해 보죠. 이 단어는 다양하게 번역되어 왔는데, 기본 의미 중 하나는 '덮개'입니다. 성막에 있는 언약궤를 덮는 '뚜껑'이죠. 이 단어의 다양한 용법에 대한 문제는 복잡합니다. 이 단어는 모든 곳에 등장하는데, 예를 들어, 마카베오서와 같은 순교자 이야기에도 나옵니다. 마카베오하 7장을 보면, 일곱 명의 형제와 그들의 어머니가 토라를 버리지 않고 돼지고기를 먹기 거부했다는 이유로 고문당해서 죽는 끔찍한 이야기가 나옵니다. 시리아의 과대망상적인 왕 안티오코스 에피파네스에 의해 고문당한 것입니다. 그들은 죽으면서 왕에게 자신들이 다시 돌아올 것이라고 확언합니다. 그들은 죽은 자 가운데서 다시 살아날 것이지만(7:9, 14, 36) 왕은 죽으면 하나님이 그를 심판하실 것이기 때문에 영원히 죽은 상태일 것입니다(7:14, 19, 35). 그러다가 놀랍게도 그들은 이렇게 말합니다. "우리는 우리들의 죄로 인해 고난을 받는 것이다"("우리들의 죄"는 이스라엘 전체의 죄를 가리킵니다). 하지만 이들의 소망은 이들이 고난당함으로 "나라 전체에 공의롭게 임했던 전능자의 진노가 끝나는" 것입니다(7:32, 38). 그 결과, 마카베오하 8장에서 갑자기 유다 마카베오가 승리하기 시작합니다. 저자는 말합니다. "주님의 진노가 긍휼로 바뀌었다"(8:5). 그러므로, 순교자들은 하나님의 진노를 자신에게로 끌어온 듯 보입니다. 이 분노가 시리아 왕의 잔인한 폭력이라는 형태로 표현되었던 것이죠. 그들은 동료 유대인들이 진노를 피할 수 있게 하려고 자신들에게로 하나님의 진노를 끌어왔습니다. (아마도 기원전에서 기원후로 접어들 때쯤 쓰인) 마카베오4서는 같은 이야기를 철학적으로 비틀어서 들려주는데, 책의 중요한 지점에서 이렇게 선언합니다. "속죄 제사('힐라스테리온')로 드려진 저 헌신된 자들의 피와 그들의 죽음을 통해, 하나님의 섭리가 이전에 학대받았었던 이스라엘을 보존하였다"(17:22). 따라서 제 질문은 이것입니다. 로마서 3장의 경우(3:25을 보십시오)와 같이 신약성경에서 발견되는 것과 이것은 같습니까? 만약 그렇다면, 초기 그리스도인들은 어디서 그런 생각을 얻었을까요?

개더콜 저는 이것이 이사야 40장에 나오는 생각과 비슷하다고 생각합니다. 이스라엘이 심판을 겪으며, 자신들이 지은 죄의 대가를 "배나" 치른 것이죠(40:2). 이것이 이들이 심판을 두 배로 받았다는 뜻은 아니라고 생각합니다. 아마 이들은 거울에 비친 상과 같이 적확한 심판을 받았겠죠.

라이트 정확한 등가….

개더콜 정확한 등가, 맞습니다. 그래서 그들은 심판의 시간을 보냈고, 이미 고통을 겪었기 때문에, 이제 하나님께 구속받을 준비가

된 것입니다. 마카베오하도 같은 개념을 담고 있지 않을까 싶습니다. 마카베오4서에서는 실제로 '힐라스테리오스'(*hilastērios*)라는 형용사가 쓰이는데, 유화적(propitiatory)이라는 의미를 지니죠. 하지만 이것은 명사 '힐라스테리온'은 아닙니다.

라이트 그렇다면 이걸 어떻게 이해하십니까? 사실 이것은 최근 미국 일부에서 뜨거운 주제였는데요, 어떤 사람들이 이 마카베오4서의 평행 구절을 근거로 로마서 3장의 '힐라스테리온'이 틀림없이 '유화적인 제사'를 의미한다고 주장한 것입니다. 제가 첫 번째로 보인 본능적인 반응은, "아 그렇지, 물론"이었습니다. 그런데 이 주장을 더 살펴볼수록, 저는 더욱더 이렇게 생각되더군요. "아니야, 사실, 내 생각엔 마카베오4서는 이교도적인 방향으로 가고 있고, 바울은 아주 다른 식으로 생각하고 있어."

개더콜 네, 이 형용사는 명사에서 온 것인데, 저도 명사 '힐라스테리온'에 대해서는 교수님에 동의합니다. 접미사 '-테리온'(*-tērion*)은 '장소'를 의미하죠. 마치 묘지(ceme-tery)가 '코이마오마이'(*koimaomai*)를 하는 장소, 즉 잠을 자는 장소인 것같이 말이죠. 그래서 '힐라스테리온'은 하나님이 긍휼을 보이시는 장소입니다. 긍휼이 베풀어지는 수단이 아닙니다. 제가 하나 물어도 될까요?

라이트 네 물론입니다. 질문해 주세요.

개더콜 제 질문은 교수님이 말씀하시는 소명에 관한 것입니다.

라이트 잘못 이해했을까 봐(영국 발음 때문이기도 하고 해서) 여쭤보는데, '방학'(vacation)말고 **소명**(vocation) 말씀이시죠?

개더콜 교수님이 책에서 강하게 강조하셨고, 오늘 저녁 발표에서도 마지막 요지로 말씀하신 것은 이것이었습니다. 죄 용서의 목표는 사람들을 원래의 자리로 돌아오게 하여 하나님의 형상을 나타내고 피조 세계의 회복에 참여하게 하는 것이다. 제가 교수님이 하신 말의 모든 뉘앙스를 이해했는지 모르겠습니다만, 이것이 기본 요지 아닙니까? 이러한 강조에 대해 저는 교수님이 하시려는 것이 죄에 대한 일종의 포괄적 틀을 제시하는 것인지, 만약 그렇다면, 이 틀에는 속죄에 초점을 맞추지 **않는** 것은 아닌지 약간 염려스럽습니다. 저의 이 염려는 교수님의 전체 그림에서 속죄가 불가결한 결과이든 주변적인 구성 요소이든지 상관없이 존재합니다. 제가 말하는 속죄의 초점이란 고전적인 속죄의 요약 진술로서 고린도전서 15:3-4이나 요한복음 3:16에 담겨 있습니다. "하나님이 세상을 이처럼 사랑하사 독생자를 주셨으니 이는…." 물론 다 알고 계시는 내용입니다.

라이트 미국에 있는 모든 사람이 요한복음 3:16을 알고 있습니다. 제가 예전에 한번 세관을 통과할 때 세관원이 "무슨 일을 하십니까?"라고 물어서 "주교입니다"라고 말했습니다. 그러자 그분이 "주교시라고요? 그럼 요한복음 3:16이 뭐죠?"라고 묻더군요. 그래서….

개더콜 다행히 아는 구절을 물어봤군요….

라이트 제가 "후토스 가르 헤가페센 호 테오스 톤 코스몬 호스테 톤…"(Οὕτως γὰρ ἠγάπησεν ὁ θεὸς τὸν κόσμον, ὥστε τὸν)이라고 말했습니다. 그가 놀라더군요.

[개더콜과 청중 모두 웃는다.]

개더콜 하지만 이런 요약 진술은 자신의 아들을 주신 하나님의 사랑에 초점을 두어, 그로 인해 우리가 영생을 얻게 되었다고 말하지 우주의 회복에 집중하지는 않습니다. 그리고….

라이트 정말 그렇게 생각하세요?

개더콜 네. [웃음]

라이트 왜냐하면 그건 요한복음에서 말하는 영생이 무엇인가에 따라 부분적으로 좌우되기 때문입니다. 그리고 요한복음 3:16을 요한복음 1장과 21장 사이의 문맥, 즉 요한복음 전체의 맥락 안에서 이해하는 것이 특히 중요한데, 요한복음 전체는 창조, 즉 새 창조에 관한 것입니다. 하지만 저는 고린도전서 15장을 크게 강조하고 싶습니다. 그 장 전체 요지의 일부는 인간을 진정한 인간의 모습으로 회복하는 것입니다. 그렇기 때문에 부활이 참된 인간으로 회복되는 데 아주 중요한 것입니다. 이 인간의 회복은 사망을 정복하는 하나님의 계획에 내포된 것으로서 궁극적으로는 하나님이, 아마도 이제는 불멸의 상태가 된 피조 세계에서, "만유의 주로서 만유 안에 계시려 하심"인 것입니다(15:28). 자 그렇다면, 제가 생각하는 십자가에 대한 요약 진술이 무엇이냐고 묻는다면, 제가 가장 좋아하는 성경의 장 중 하나인 요한계시록(Revelation) 5장이라고 말하겠습니다[그리고 사실 이 장에서 시작된 생각이 저의 책 **혁명**(Revolution)으로 이어졌습니다].[10] 이 장에서 기록자 요한은 하나님의 뜻이 담긴 두루마리를 보는데

---

[10] Wright, *Day the Revolution Began*.

아무도 그것을 펼 수가 없습니다. 그러자 천사 중 하나가 그에게 울지 말라고 하며 "유대 지파의 사자"가 이겼다고 말합니다. 물론 이 인물은 메시아 예수입니다. 그가 사망을 정복하심으로 두루마리를 펼 자격, 즉 구원과 회복을 위한 창조주의 목적을 진행할 자격이 주어진 것입니다. 이 목적은 요한계시록 5:9-10에 분명히 진술되어 있습니다. "일찍이 죽임을 당하사 각 족속과 방언과 백성과 나라 가운데에서 사람들을 피로 사서 하나님께 드리시고, 그들로 우리 하나님 앞에서 나라와 제사장들을 삼으셨으니, 그들이 땅에서 왕 노릇 하리로다."

여기서 보면, 피로 산다는 행위(고전적인 '속죄' 사상)는 그 행위의 목적, 즉 그렇게 속량받은 자들이 메시아의 통치에 참여하게 된다는 **목적**과 (아마 기대하지 못했겠지만) 즉각적으로 연결되어 있습니다. '왕과 제사장'이라는 주제는 출애굽기 19:6로 거슬러 올라가며 여기서 이 주제는 이스라엘의 소명으로 표현됩니다. 제 생각에 이것은 인간의 소명을 하나님의 형상을 지닌 자로 제시하는 것입니다. '형상'은 성전 **안에** 놓입니다. 하나님은 피조 세계 전체를 궁극적인 하늘과-땅의 실체로, 즉 참되고 궁극적인 성전**으로** 설계하셨습니다. 보통 성전 안에 놓인 '형상'은 (어떤 종류의 성전이든 간에) 나머지 피조 세계가 신을 찬양하는 수단이자 신의 임재와 권능을 세상 속에 반영시키는 수단의 역할을 합니다. 제 생각에는 이것이 형상을 지녔다는 말의 의미입니다. 따라서 요한계시록 5장의 이 첨예한 요약 진술(물론 예전적이고 시적으로 구성된 진술이지만 제 생각에는 명백히 신학적인 진술)에서 우리는 궁극적인 소명에 대한 진술이 요한계시록에서 보강되었다는 사실을 발견합니다.

물론 신약성경의 어떤 진술도 그 진술 하나로 이 모든 내용을 완전히 다 말하지는 못합니다. 여러 구절을 한데 모으고 고려해 볼 만한 본문들을 망라해야 하죠. 저는 특별히 로마서 8장을 강조하고 싶습니다. 여기서 바울은 시편 2편과 8편의 많은 부분을 가져옵니다. 바울은 성령이 내주하는 자를 메시아의 고난, 승리, 그리고 영광에 참여하는 자로 묘사합니다. 여기서 바울은 시편 8편에 묘사된 인간을 연상시키는데, 이 시편에서 하나님은 인간을 "영화와 존귀로 관을 씌우셨"고 "만물을 그의 발아래 두셨"습니다(8:5-6). 바울은 고린도전서 15장에서도 시편 8편을 다른 구약성경의 본문들과 더불어 사용합니다. 이렇게 하나님 아래에 있고 세상 위에 있는 것, 이것이 바로 인간의 **소명**입니다. 이 소명은 부활을 통해 자격을 얻으신 예수님 자신에게 궁극적으로 속해 있지만, 그를 통해 구속받은 자들도 이 역할에 참여합니다. 바울이 로마서 8:29에서 표현하듯, "그 아들의 형상을 본받게" 되는 것입니다. 그래서 저는 신약성경에서 하나님이 죄와 죄의 결과에서 사람들을 구하시는 것과 그렇게 함으로써 하나님의 형상을 지닌 자로서 인간의 기본 소명을 재확립하고 재확인하시는 것이 양자택일의 관계에 있다고 보지 않습니다. 물론 둘 중 때로는 하나가 강조되기도 하고, 때로는 다른 하나가 강조되기도 합니다. 하지만 전체적으로 볼 때 우리는 전부 필요합니다.

개더콜 저도 양자택일로 보지는 않습니다. 그리고 전부 필요하다는 점에도 동의합니다. 단지 초점이 어디에 있느냐는 것이죠. 성전에 관한 내용 중 어떤 부분은 논란의 여지가 있다는 교수님의 말이 저도 옳다고 생각합니다. 그리고 요한계시록 5장에 나오는 하나님 앞에서 제사장을 삼는다는 말이 무엇을 의미하는지는 아직 제대로 밝혀지지 않은 것 같습니다.

라이트 1장에 나와 있습니다. 5장에도 있고, 마지막에 도달하는 20장에도 있습니다(1:6; 5:10; 20:6을 참조하십시오).

개더콜 그렇죠. 하지만 요점별로 짤막하게만 나와 있지 이 소명 전체를 가리킨다고 분명하게 말하지는 않습니다.

라이트 맞습니다. 하지만 요한계시록에서 자주 발견되듯이(요한계시록에 대해 제가 조심스러울 수밖에 없는데 왜냐하면 이 자리에 전문가들이 많이 계시고 저는 전문가가 아니기 때문입니다), 요한계시록에는 구약성경의 몇몇 흐름이 엄청나게 그리고 영광스럽게 복합되어 동시에 소환되는데, 인간의 소명이 그 흐름 중 하나라고 생각합니다. 하지만 우리 인간들은 죄로 인해 우리가 마땅히 되어야 하는 모습을 이룰 수가 없습니다. 죄(Sin)의 힘이 부수어질 때(바빌론이 전복될 때), 죄에 붙들렸던 자들은 그 힘과 그로 인한 결과들에서 벗어나 자유를 누리는데, 이것의 확실한 의미가 용서입니다. 이제 우리는 마땅히 되어야 하는 모습이 될 자유를 얻은 것입니다. 그러므로 이 요지의 부분적 의미는, 세상을 벗어나서 편하게 구름에 앉아 하프나 연주하는 플라톤적 비전과는 다르게, 우리가 가진 기독교적인 비전은 인간이 목적을 위해서 만들어졌다는 것이고, 그 목적이 지금 시작된다는 것입니다. 구원받았으니 이제 떠날 때까지 어슬렁거리며 기다리기만 하면 되는 것이 아닙니다. 지금 여기서 해야 할 일이 있음을 우리는 압니다.

개더콜 그럼요. 그런데 구름에 앉아서 하프를 연주한다고 말씀하시는 것은 반대편의 입장을 너무 희화화하는 게 아닌가 생각합니다.

라이트 글쎄요. 제가 이런 식의 묘사를 일반 대중에게도 들었고 덜 대중적인 자리에서도 종종 들었습니다. 하지만 그렇다 하더라도….

개더콜 맞습니다. 로마서 8장의 경우, 총체적으로 완성되는 모습에는 교수님의 생각에 동의합니다. 구원 사역은 피조 세계 전체의 회복 없이는 완성될 수 없습니다. 하지만 십자가의 성취에 관한 한, 창조 질서, 인간 외적인 창조 질서는 그림 자체라기보다는 그림의 **틀**에 해당하는 것 같습니다. 연극 자체가 아니라 연극이 상연되는 무대인 것이죠.

라이트 아, 여기가 우리의 의견이 갈리는 지점이군요. 제 생각에 창세기 1장과 2장에서 인간은 창조의 정점(어떻게 표현하든 상관없이)인 동시에 하나님이 나머지 피조 세계에서 일하는 데 사용하시는 도구입니다. 나머지 세상은 근본적으로 인간에 관한 드라마의 단순한 배경이 아닙니다. 인간은 피조 세계를 돌보는 자, 피조 세계의 제사장 등으로 지어졌는데 이는 하나님이 자신이 만든 물질 세계를 사랑하시기 때문입니다. 그는 인간이 그의 피조 세계를 돌보기 원하십니다…. 저는 기본적으로 창조 세계에 대한 삼위일체적 관점을 가지고 있습니다. 제 생각에 하나님이 자기와 구별된 세상을 만들어서 자신의 형상을 지닌 피조물을 세상 안에 두신 이유는 하나님 자신이 적절한 방식으로 오셔서 참된 형상이 되시기 위해서입니다. 이렇게 처음부터 기독론의 **타당성**이 암묵적으로 나타나는 것이지요. 성령에 대해서도 비슷하게 말할 수 있습니다. 성령은 궁극적으로 피조 세계 전체를 덮을 것입니다. 하지만 이런 이야기까지 하면 주제에서 너무 멀어지는 것 같습니다.

개더콜 아니에요, 그건 중요한 내용입니다. 하지만 창세기에서, 창세기의 첫 장들에서 아담과 하와의 불순종이 소명에 대한 실패로 그려지고 있나요? 아니면 그냥 좀 더 직접적인 불순종이었나요?

라이트 제 생각에 그건 불순종입니다. 창세기 2장의 끝과 창세기 3장의 시작은 여전히 가장 영광스러운 그림을 떠올리게 하면서도 정확히 무슨 일이 벌어지고 있는지를 파악하기 어려운 본문 중 하나입니다. '선악과'가 무엇을 나타냅니까? 그리고 '생명나무'는 무엇입니까? 좀 더 구체적으로 물으면, 제2성전기 유대인이 이 본문을 읽었다면 어떻게 이해했을까요? 무슨 일이 벌어지고 있다고 생각할까요? 그 당시에는 창세기 1-3장을 이스라엘의 이야기에 대한 앞선 진술로 이해했을 거라고 저는 생각합니다. 아름다운 땅에서 사명을 받았으나, 반역과 우상숭배로 쫓겨나서 이제 무슨 일이 일어날지 궁금해하는 상황인 것이죠. '제사장과 왕'에 대한 질문이 이 시점에서 아주 선명하고 중요하게 다가옵니다. 이후의 성찰에서 '제사장과 왕'은 '형상'이라는 개념을 소환하는 하나의 방법입니다. 이것도 너무 벗어나는 내용입니다. 하지만 확실한 것은, 성경의 여러 부분에서 다양한 강조점이 발견되는데 그렇다고 해서 그것들이 모순적이거나 서로 맞지 않는다는 의미는 아닙니다. 분명한 예로 로마서와 갈라디아서를 들 수 있습니다. 갈라디아서는 진정한 하나님의 백성이 **되기 위하여** 유대인이 되어 토라 전부를 취하는 것을 막으려는 경고의 목적으로 기록되었습니다. 로마서는 어떤 [이방인] 그리스도인들이 교회에서 유대인과 (토라를 포함해서) 유대인다운 삶의 방식을 없애지 못하도록 경고하는 글입니다. 따라서 바울은 상당히 비슷한 내용을 두 논증 모두에 많이 사용하는데, 두 편지의 강조점들은 (신학에서 자주 그러하듯이!) 반대입니다. 제 말이 이해되시지요?

개더콜 네, 이해하고 있습니다. 그럼 로마서 9-11장과 포로기의 이스라엘은 어떻게 생각하십니까? 로마서 9-11장에서 이스라엘은 여전히 포로기 가운데 있지 않나요?

라이트 아주 좋은 질문입니다. 로마서 9-11장에 나오는 이스라엘의 역설은 신약학 전체에서 매우 깊고 어두운 곳 중 하나입니다. 흥미로운 점은 신약성경의 다른 많은 책에서 제기되는 질문들의 답이 로마서 9-11장 안에서 발견된다는 것입니다. 마가복음 4장의 씨 뿌리는 자의 비유가 좋은 예입니다. 예수님은 비유로 가르치시는 이유를 "이는 그들로 보기는 보아도 알지 못하며 듣기는 들어도 깨닫지 못하게"(4:11-12) 하는 것이라고 말씀하십니다. 여기서 우리는 이런 생각이 듭니다. "잠깐만, 비유는 내용을 더 어렵게 만들기 위해서가 아니라 더 명확하게 하기 위해서 사용하는 것 아닙니까?"

이에 대한 답은 이렇습니다. "그보다는 더 복잡합니다. 이 본문에서 인용되고 있는 이사야 6장을 읽으면 금세 로마서 9-11장으로 가게 될 거예요." 요한복음도 마찬가지입니다. 요한복음 7-9장에서 유대인들에게 무슨 일이 벌어지고 있습니까? 이에 답하려다 보면 머지않아 로마서 9-11장으로 가게 됩니다. 그렇다면 로마서 9-11장의 의미는 무엇입니까? 제 생각에 바울이 여기서 하고자 하는 이야기는 다른 무엇보다 이것입니다. 우리가 예수님을 메시아로 받아들이고(9:5처럼) 예수님을 중심으로 형성된 관점에서 이스라엘 이야기를 다시 바라볼 때, 우리는 십자가의 그림이, 십자가의 수난이 이스라엘의 이야기에 아로새겨져 있음을 보게 됩니다. 십자가는 낯설지만 구원에 이르게 하는 하나님의 계시라고 바울은 선포합니다.

하지만 로마서 10장 끝에서 바울은, 메시아의 십자가 사건이 일어났고 복음이 이제 온 세상을 향해 퍼져 나가고 있는데도 불구하고 이사야 65:1-2을 인용합니다. "순종하지 아니하고 거슬러 말하는 백성에게 내가 종일 내 손을 벌렸노라." 그들은 하나님이 이미 이루신 일을 바라보지 않기로, 받아들이지 않기로 결정하는 것입니다. 제게는 이것이 핵심 주제 중 하나이며, 대중적이든 학문적이든 상당히 다른 부류의 사람들 가운데 계속해서 주요 이야깃거리가 될 것입니다. 우리는 다음의 질문에 답해야 합니다. 예수님은 정말 이스라엘의 메시아였습니까, 아니면 이스라엘의 메시아가 아니었습니까? 왜냐하면 만약 예수님이 정말로 이스라엘의 메시아였다면, 1세기의 모든 유대인은 이렇게 생각했을 것입니다. 만약 하나님이 정말 메시아를 보냈다면, 그 메시아가 아무리 의외라 하더라도, 그를 중심으로 이스라엘이 재결성되고 재조직되고 재개편될 것이라고 말이죠. 바 코크바 반란 사건을 보십시오. 아주 놀랍게도 많은 그리스도인이 바 코크바 반란 사건을 모르고 있더군요. 예수님 이후 100년쯤 지나서 시몬 벤 코지바라고 불리는 사람이 있었는데 랍비 아키바가 그를 '별의 아들', '바 코크바'(민 24:17을 참조하십시오)라고 칭하며 환호했습니다. 랍비 아키바와 다른 많은 유대인은 이 인물을 메시아로 믿었습니다. 모두가 동의하지는 않았습니다. 하지만 그렇다고 해서 "우리 몇 사람은 그가 메시아라고 생각하고 다른 이들은 그렇지 않다고 생각하니, 그냥 의견 차이를 받아들입시다"라고 할 수는 없는 노릇이었습니다. 왜냐하면 만약 그가 메시아라면, 그가 일으키는 운동과 그 운동이 의미하는 모든 것은 종말적인 사건이 되기 때문입니다. 이것이야말로 하나님이 이스라엘과 세상 안에서, 그리고 이스라엘과 세상을 위해서, 단번에 하시는 일이기 때문입니다. 그렇기 때문에 사람들은 이 운동에 합류하든지, 그렇게 하고 싶지 않다면 이 사람이 속이는 자요, 이스라엘을 미혹하는 자라고 말해야 했습니다. 제 생각에 (예수님이 **십자가에서 죽고 부활하신** 메시아라는 점은 다르지만!) 똑같은 논리가 바울이 구약성경을 가져오는 방식에 작용하고 그의 구원론 전체를 움직입니다.

개더콜   이제 질문을 좀 받아 볼까요?

[청중의 박수갈채.]

질의응답

질문 1   라이트 교수님, 교수님이 에덴동산에서 있었다고 하셨던 소명 언약이라는 것이 어떻게 행위 언약과 다른지, 그리고 그 차이가 우리가 생각하는 속죄의 목적에 어떤 영향을 미치는지 설명해 주시겠습니까? 그리고 개더콜 교수님, 제 생각에 교수님이 라이트 교수님의 논증에 대해 지적하실 점이 있다면 아마도 이 지점이 가장 좋은 곳이라는 생각이 드는데요….

라이트   고맙습니다. 좋은 질문입니다! 저는 17-18세기 신학에서의 행위 언약에 대해 저보다 훨씬 더 많이 아시는 분이 여기 계신다는 것을 알고 있습니다. 바로 마이클 호튼(Michael Horton) 박사님이신데요, 내일 이 주제에 대해서 말씀하실 예정이십니다. 하지만, 공교롭게도 지난 화요일에 세인트앤드루스에서 세미나가 있었는데 거기서 제 동료 앨런 토런스(Alan Torrance)가 바로 이 부분을 이야기했습니다. 그는 고전적인 웨스트민스터 신앙고백 이후 '행위 언약' 개념이라고 통상적으로 여겨지는 것을 (물론 그의 관점에서) 설파하고 있었죠. 이것은 제가 지어낸 말이 아닙니다. 그는 이렇게 말했습니다. 에덴동산에서 하나님은 인류와 거래하셨습니다. 일종의 도덕적 언약이었습니다. 만약 그들이 어떤 일을 하고, 다른 어떤 일은 하지 않는다면, 모든 것이 잘되었을 것입니다. 그 '모든 것이 잘됨'이 '궁극적인 구원' 혹은 '천국에 감' 혹은 '영생'이라고 추론할 수 있을 듯합니다. 물론 인간은 반역합니다. 하지만 그 '행위 언약'은 계속 유효합니다. 그래서 **예수님이 그 요구를 대신 충족시킬 필요가 있는 것입니다.** 하지만 그 전에 이스라엘이 선택됩니다. 이스라엘은 율법을 받습니다. 일종의 두 번째 기회가 주어진 것입니다. 그리고 이스라엘은 아담과 똑같이 행합니다.

자, 지금 제가 하는 이 이야기의 모든 단계마다, 이 이론에 대한 다양한 버전을 구분하는 모든 종류의 각주가 필요합니다. 여기서 그것까지 할 수는 없습니다. 하지만 핵심적인 특징은 같습니다. 아담과 하와에게 도덕적인 시험이 주어졌는데 그들은 실패했고, 예수님이 모든 이를 대리해서 그 도덕 시험을 통과하셨고 동시에 그들의 실패에 대한 심판도 짊어지셨다는 것입니다. 저는 이런 식의 사고방식 전체가 모든 단계에서 잘못되었다고 생각합니다. 저는 이것이 창세기 1, 2, 3장의 내용이라고 생각하지 않습니다. 이것이 신약성경이 대답하고자 하는 내용이라고 생각하지 않습니다. 저는 **소명**이라는 범주가 특히 중요하다고 생각합니다. 소명은 인간이 부르심을 받아 이루었어야 하는 것과 이루지 못한 것을 말합니다. 인간의 실패는 가장 먼저 **예배**의 실패입니다. 예배는 일차적인 소명입니다. 예배에 실패하는 이유는 사람들이 우상을 숭배하기 때문입니다. 에덴동산에서 아담과 하와는 하나님의 말씀에 도전하는 뱀의 목소리를 들었습니다. 그리고 바울은 로마서 1장에서 이 이야기를 가져와서 "그들이 창조주가 아닌 피조물을 숭배하고 섬겼다"고 말합니다. 우상을 숭배할 때, 우리는 이 우상들에게 권세를 줍니다. 그 권세가 부서져야 합니다. 아마 누군가는 단순하게 이렇게 말할지도 모르겠습니다. "우리가 잘못했고, 그렇기 때문에 심판받아야 한다. 그런데 운 좋게도 다른 누군가가 그 심판을 받았군." 이것이 어느 수준에서는 '맞을'지 모르지만, 아주 중요한 요지를 놓치는 것입니다. 그리고 제가 종종 궁금해하는 것은, 서구권 전체가, 소위 기독교적 서구권조차도, 여전히 우상의 손아귀에 꽉 붙들려 있는 이유가 지난 500년 동안 우리의 신학이 우상숭배를 일차적인 문제로 지목하지도 않고 수치스럽게 여기지도 않아서 그런 것이 아닌가라는 것입니다. 이것이 질문에 대한 답이 되었는지요?

스튜어트   그리고 한 가지 말씀드리면, 만약 개더콜 교수님께 드린 질문에 대해 라이트 교수님이 하실 말씀이 있으면 자유롭게 하시기 바랍니다. 그리고 개더콜 교수님도 라이트 교수님께 드린 질문에 대해서 하실 말씀이 있으면 자유롭게 하세요.

질문 2   제가 원래는 두 분 각자에게 속죄에서 성육신이 차지하는 역할이 있다면 그것이 무엇인지 여쭤보려고 했습니다. 그런데 라이트 교수님, 아까 마지막에 피조 세계에 대한 삼위일체적 관점을 언급하셨습니다. 교수님이 하나님의 말씀이 피조 세계에 오신 것에 대해 말씀하실 때, 『바울과 하나님의 신실하심』(*Paul and the Faithfulness of God*)[1]에 나오는 '어쨌든 성육신'이라는 논증에 각주를 다셨습니다. 교수님은 타락이 없었다 하더라도 말씀이 육신으로

---

1 ⎯⎯ N. T. Wright, *Christian Origins and the Question of God*, vol. 4, *Paul and the Faithfulness of God* (London: SPCK, 2013). 『바울과 하나님의 신실하심』(CH북스).

오셨을 것이라고 생각하십니까?

개더콜 저는 그러한 종류의 사고 실험이 실제적으로 도움이 되는 것 같지 않습니다. '만약 이랬다면' 유의 가정 말이죠. 성육신과 속죄에 대해서 많은 이야기를 할 수 있겠습니다만, 그중 우리의 현재 상황에 관한 중요한 두 가지만 말씀드리겠습니다. 라이트 교수님이 언급한 삼위일체적 이해는 속죄에 대한 성경의 진술을 이해하는 데 절대적으로 중요합니다. 왜냐하면 하나님이 심판을 제삼자에게 가하는 것이 아니기 때문입니다. 아들의 인격 안에서 하나님이 죽으시는 것입니다. 두 번째, 하나님의 아들이 인간으로 성육신하신 것 또한 대표 개념을 제대로 이해하는 데 중요합니다. 인류는 천사나 어떤 종류의 구원하는 개(dog)에 의해서 대표될 수 없습니다. 그러한 경우에도 여전히 일종의 성육신 같은 것이 있을 수 있겠지만, 천사는 인류를 대표할 수 없고 인류를 대리하는 대표자로 죽을 수도 없습니다.

라이트 저는 타락이 없었어도 성육신이 있었을 것이냐는 질문에 대해 '그렇다'라고 말하고 싶습니다. 이에 대해 둔스 스코투스(Duns Scotus)와 같은 입장입니다(그렇다고 꼭 똑같은 이유 때문에 그런 것은 아닙니다). 제 생각에 하나님이 세상을 만드셨을 때 이 가운데 직접 오셔서 주권자로 세상을 돌보려고 하셨던 것 같습니다. 하나님이 자신의 두 번째 자아의 위격(the Person of his Second self)으로 오셔서 그렇게 하시려 했다고 말할 수 있겠죠.

질문 3 저는 라이트 교수님께 질문이 있는데 개더콜 교수님도 답해 주시면 좋겠습니다. 교수님도 아시는지 모르겠는데, 교수님의 바울에 대한 새 관점이 지난 두어 해 동안 비판을 좀 받았습니다. [모두 웃는다.] 특별히….

라이트 그럼요, 그럼요. 저도 교황이 가톨릭 신자라고 들었습니다 ('교황은 가톨릭 신자'라는 뜻은 상대의 말이 명백한 사실임을 의미하는 관용구다─편집자). [모두 웃는다.]

질문자 제 생각에 교수님의 작업은 훌륭합니다. 지난 학기에 교수님의 글들을 자세히 살펴볼 기회가 있었습니다. 교수님이 받으시는 비판 중 다루어 주셨으면 하는 부분이 하나 있는데요. 왜냐하면 제가 교수님을 비판하시는 몇몇 분들의 글을 읽었지만 교수님 자신의 말씀은 듣지 못해서 그렇습니다. 특히 고린도후서 5:21의 '디카이오쉬네 테우'(*dikaiosynē theou*)에 대한 교수님의 해석입니다. 그 구절을 어떻게 해석하셨는지 기억하실 것이고, 또 다른 이들이 어떻게 교수님의 해석을 비판하는지도 알고 계실 것 같아서 질문드립니다.

라이트 네 맞습니다. 고린도후서 5:21은 이렇게 말합니다. "하나님이 죄를 알지도 못하신 이를 우리를 대신하여 죄로 삼으신 것은, 우리로 하여금 그 안에서 '디카이오쉬네 테우'가 되게 하려 하심이라." 여기서 '디카이오쉬네 테우'를 보통 '하나님의 의'로 번역합니다. 바울이 '디카이오쉬네 테우'라는 구를 사용하는 다른 모든 곳, 즉 로마서 1:17; 3:21-26, 10:3에서는 바울이 하나님 자신과 언약에 성실하신 그의 성품과 행동에 대해 말하고 있다고 강하게 주장할 수 있습니다. 고린도후서 5:21에서는 다른 의미로 쓰일 수도 있습니다. 바울이 똑같은 표현을 똑같은 의미로만 사용한다는 원칙에 절대적으로 매여 있지는 않습니다. 하지만 가장 일차적인 가정은 아마도 같은 의미이겠다는 것입니다.

만약 바울이 한 말이 '우리로 하여금 하나님의 언약적 신실하심이 되게 하려 하심이라'라는 의미라면, 이것이 고린도후서의 맥락에서 갖는 의미가 무엇일까요? 답은 이렇습니다. 고린도후서 2장 끝에서 6장 중반까지 바울의 논증은 이것입니다. "자 보세요, 사도들인 우리가 새 언약 사역자들입니다." 그리고 고린도후서 5:21 바로 이후에 바울은 6:1-2에 이사야 49:8을 인용하며 이렇게 말합니다. "보라 지금은 은혜 받을 만한 때요, 보라 지금은 구원의 날이로다." 이사야 본문은 이에 바로 이어서 이렇게 말합니다. "너를 백성의 언약으로 삼으며." 이것은 고린도후서 5:18에서부터 5장 끝까지 이어지는 사고의 흐름에 완벽하게 들어맞습니다. 바울은 먼저 하나님이 메시아를 통해 이루신 성취에 대해 말합니다. 그다음 그는 그 성취가 자신의 사역과 소명에 있어서, 구체적으로는 그의 '화목 사역'에 있어서 어떤 의미를 지니는지를 말합니다. 여기서 21절과 18-19절 사이의 평행 관계는 5:21을 이렇게 해석할 때 가장 분명히 드러납니다. 첫째, 하나님이 우리를 위해 죄를 알지도 못하신 그리스도를 죄로 삼으셨다. 둘째, 이것은 우리로 하여금 하나님의 언약적 신실하심을 구현하게 하시려는 것이다. 이렇게 이해하면 앞으로는

3장부터 뒤로는 6장까지 본문 전체가 이해됩니다. 보통 이 구절을 맥락과 상관없는 단편적인 속죄 신학적 진술로 이해하는데 그게 아닌 거죠. 이 정도가 제가 드릴 수 있는 가장 간단한 설명입니다. 제가 『바울과 하나님의 신실하심』(pp. 881-884)에서 이 구절에 관해 말했던 내용을 단순히 요약한 것입니다. 내일도 이에 대한 논의가 좀 있을 것 같습니다. 개더콜 교수님, 이에 대해 하실 말씀 있으세요?

개더콜   없습니다.

라이트   아 그래요? 제 해석에 문제가 없으시군요. 그거 좋네요.

개더콜   아, 그렇다고 말하지는 않았습니다. [웃음]

질문 4   우선 라이트 교수님께 질문이 있습니다. 교수님은 속죄의 의미에 대한 일차적인 증언이 복음서에서 발견된다고 말씀하셨습니다. 그리고 그 의미가 포로기에 대한 유대인의 이해에 얼마나 많이 뿌리를 두고 있는지를 설명하셨습니다. 지금까지는 정확한가요?

라이트   음, 네.

질문자   제 질문은 이것입니다. 복음서의 대부분이 이방인 청중을 위해 기록되었는데 어떻게 그들이 그러한 의미를 복음서에서 찾을 거라고 기대할 수 있습니까? 바꿔 말하면, 마가복음의 청중은 이방인이고, 마가는 자신의 메시지를 명확하게 하려고 독자에게 유대 관습과 신념을 설명해 주기까지 합니다. 마가와 같은 복음서 저자는 왜 포로기에 대한 자신들의 강조점을 더 분명하게 말하지 않을까요?

라이트 질문 감사합니다. 훌륭한 질문입니다. 저는 포로기에 대한 질문이 그 당시 유대 사상에 깊게 내포되어 있다고 생각합니다. 저와 또 다른 분들이 오랫동안 이렇게 주장해 왔습니다. 제임스 스콧(James Scott)이 편집한 책이 있는데 거기에 이 요지를 상세히 설명한 저의 긴 글과 이에 답한 몇몇 학자의 글이 있습니다.[2] 제 말은 이것이 새로운 주장이 아니라는 것입니다. 그렇다면 이런 질문이 생깁니다. '어떻게 이 생각이 초기 교회에 새롭게 스며들었는가?'라는 질문 말이죠.

초기 교회가 했던 주된 일 중 하나가 가르침이었습니다. 바울의 개종자 대부분이 이방인이었습니다. 그들은 구약성경의 이야기를 몰랐고 바울은 분명 그들이 그 이야기를 알기 바랐습니다. 그들 중 어떤 자들은 문맹이라서 글을 배워야 했을 것입니다. 어쨌든 가장 중요한 것은 성경 읽는 법을 배우는 것이었습니다. 바울은 그들을 가르쳤습니다. (표현이 좀 이상하지만) '이야기 주입식'(innarrativizing) 가르침이었습니다. 이야기를 가르치되 이제는 내러티브 안에 **그들을 포함**한 것입니다. 이것이 초기 교회가 했던 주된 작업이었습니다. 마가는 (아마도 다른 내용을 자르고 간략한 형태로) 이야기를 시작하며 말라기 3:1과 이사야 40:3을 인용합니다. 이 두 구절 모두 정확히

---

[2] James M. Scott, ed., *Exile: A Conversation with N. T. Wright* (Downers Grove, IL: InterVarsity Academic, 2017).

포로기의 끝, 특히 야웨가 시온으로 귀환하시는 사건을 가리킵니다. 이것이 전체 맥락입니다. 이 표현을 생각해 보세요. "때가 찼고 하나님 나라가 가까이 왔다." 이것은 다니엘 7장과 9장으로 가지 않으면 이해할 수가 없습니다. 1세기의 어떤 사람들은 이 본문들을 전체 책을 읽는 방식 안에서 읽었을 것입니다. 그리고 다니엘 9장에서 우리는 '포로기'가 490년 동안 지속될 것이며 그 이후에 많은 일이 일어날 것이라는 예언을 발견합니다. 따라서 마가는 실제로 이 모든 것에 물들어 있습니다. 그는 이것을 전제하고 있고 이렇게 전제된 생각은 당시 사람들이 명백히 알 수 있는 여러 방식으로 드러났을 것입니다. 물론 1세기 유대인처럼 사고하지 않는 오늘날 사람들 대부분은 이것이 보이지 않겠죠.

마가가 가끔 유대 관습을 실제로 설명할 때가 있기는 하지만(예를 들어, 막 7:3-4에서 '손을 씻는' 문제와 관련하여) 제 생각엔 사복음서의 모든 것을 이해하려면 세상을 어떻게 유대 관점으로 보아야 하는지를 배워야 한다고 생각합니다. 그렇지 않은 경우, 바로 다음 세기에 무슨 일이 일어났습니까? 마르키온주의(Marcionism)가 생겼습니다. 이스라엘과 이스라엘의 하나님에 대한 거부입니다. 그래서 저는 초기 교회가 직면했던 진정한 도전이 사람들을 유대인의 맥락으로 사고하도록 가르치는 일이었다고 생각합니다.

개더콜 저는 복음서를 소책자같이 생각하여 길거리에서 나누어 주는 것도 문제라고 생각합니다. 복음서는 단순히 홀로 있는 독립체가 되어서는 안 되고 교사의 가르침으로 보충되어야 합니다.

라이트   네, 네, 맞습니다.

질문 5   두 분께 질문드립니다. 오늘 밤에 두 분 모두 대리 개념을 말하는 중요한 본문으로 로마서 8장, 특히 8:3을 가리키셨습니다. 그런데 제가 궁금한 점은, 바울이 몇 구절 지나 8:17에서 말하는 내용입니다. 여기서 바울은 우리가 자녀이면 또한 상속자 곧 하나님의 상속자요, 그리스도와 함께한 상속자라고 말합니다. 우리가 그리스도와 함께 영광받기 위하여 고난도 함께 받을 경우에 그렇다는 것이지요. 그렇다면 개더콜 교수님, 교수님께서 어느 지점에선가 지나가는 말로, 그리스도가 죽으셨기에 우리가 죽지 않아도 된다고 말씀하셨습니다. 하지만 현실은 우리가 죽어야 하는 것이 **맞고**, 우리가 고난을 **겪는다**는 것입니다. 그러면 왜 바울은 8:17에서 '그리스도와 함께 영광받는 것'이 그리스도와 함께 고난받는 것에 달려 있다는 듯이 말합니까? 이것이 어떻게 교수님의 속죄 신학과 잘 맞을 수 있을까요?

개더콜   감사합니다. 사실 제 책에 이 문제를 다루는 부분이 있기 때문에 저의 답을 얻으려면 이 책을 구입하셔야 합니다. [모두 웃는다.] 여기서 저는 다음의 반박에 대한 답을 정확히 제시합니다. '만약 그리스도가 우리 대신에 죽으셨다면, 왜 우리가 여전히 죽는가?' 이 질문에 답하려면, 바울이 말하는 다양한 종류의 죽음을 살펴보아야 합니다. 바울은 보통 그리스도인의 죽음을 잠든 것이라고 말합니다. 몇몇 예외가 있지만 이례적인 경우죠. 예를 들어, 바울이 그리스도인의 죽음을 죽음이라고 말할 때는 배우자가 죽을 때입니다.

이 경우, 죽음을 잠든 것이라고 약화해서 표현하면 이 사람이 자유롭게 재혼을 할 수 있는 상태라는 점을 간과하게 됩니다. 하지만 보통 사용하는 언어는 잠들었다는 것입니다. 불신자에 대해서는 대부분의 경우 바울은 다른 동사를 사용하는데['코이마오마이'가 아닌 '아폴뤼미'(apollymi)], 보통 '망하다'와 같은 표현으로 번역됩니다. 따라서 바울의 글에는 여러 종류의 죽음이 나오고, 저는 이들을 네 종류로 나눕니다. 이렇게 하면 앞의 반박이 제시한 문제를 다루는 데 도움이 됩니다.

왜 우리가 영광받기 위해서 고난받아야 하느냐는 질문에 관해서는, 하나님의 목적 때문이라고 생각합니다. 로마서 8장 후반부에서 바울이 말하듯이 우리는 "그 아들의 형상을 본받게 하기 위하여 미리 정하"여졌으며(8:29), 이것은 우리의 삶에서 아들의 삶이 재연됨을 의미합니다. 사도행전에 이러한 예가 선명하게 나옵니다. 처음에는 베드로가 그다음에는 바울이, 누가복음에 그려진 예수님이 가셨던 사역의 길을 걷습니다.

라이트 아주 도움이 되는 설명입니다. 저는 특히 사도행전의 마지막이 생각나는데요. 거기서 바울은 가이사 코앞에서 공개적이고 제재 없이 복음을 전하려고 로마에 가고자 합니다. 그런데 바로 전 장에 바울이 탄 배가 파선됩니다(이 장은 누가복음에서 예수님이 십자가에 못 박히시는 사건에 상응합니다). 어둠의 세력들이 최대로 발악해서 그를 거의 잡을 뻔하지만, 바울은 살아남습니다. 여기에 중요한 의미가 있다고 생각하지만 교회가 충분히 탐구하지 못한 것 같습니다.

저 자신도 이에 대해 충분히 생각하거나 설교하지 못했다고 생각합니다. 요지는 이것입니다. 그리스도의 십자가를 통해 이미 **이룬** 승리가 성령의 도움으로 고난을 감당하는 그리스도 추종자들을 통해 **실행**되어야 한다는 것입니다. 동일한 내용이 빌립보서 3장에서 한데 뭉쳐진 형태로 나오는데 여기서 바울은 이렇게 말합니다. "내가 그리스도와 그 부활의 권능과 그 '코이노니아 톤 파테마톤 아우투'(koinōnia tōn pathematōn autou, 고난에 참여함)를 알고자 하여 그의 죽으심을 본받아, 어떻게 해서든지 죽은 자 가운데서 부활에 이르려 하노니"(3:10-11).

그래서 저는 두 가지를 강조하고 싶습니다. 상속받는 것은 새 피조 세계입니다. 그리고 '영화롭게 되는 것'은 시편 8편의 주제로, 하나님의 새 세상에서 하나님의 청지기가 되는 진정한 인간으로 '영화롭게 되는 것'입니다. 그들을 통해 하나님의 뜻이 세상에서 이루어질 것입니다. 이 소명이 이루어지는 현재 형태는 (이것이 제 두 요지 중 세 번째에 해당하는데!) 탄식하며 기도하는 것입니다. 바울은 이것을 로마서 8:26-27에서 묘사하기를, 우리는 마땅히 기도할 바를 알지 못하나 오직 성령이 우리 안에서 탄식하신다고 말합니다. 우리는 이 기도를 예수님이 겟세마네 동산에서 드린 아빠(Abba)-기도와 십자가에서 버림받으며 부르짖으신 기도와 밀접하게 연관 지어서 이해해야 합니다.

질문 6 이건 일차적으로 개더콜 교수님께 드리는 질문이지만 두 분 모두

답해 주셔도 좋습니다. 개더콜 교수님, 교수님께서 로마서 5장과 고린도전서 15장 이렇게 두 본문을 언급하셨습니다. 그리고 두 분 모두 형벌 대리를 말씀하셨습니다. 그런데 다음의 본문이 언급되지 않은 점이 놀라운데요. 형벌 대리에 대한 가장 강력한 본문 중 하나라고 제가 늘 생각한 것, 바로 갈라디아서 3:10-13입니다. 13절에서 바울은 "그리스도께서 우리를 위하여 저주를 받은 바 되사 율법의 저주에서 우리를 속량하셨으니, 기록된 바, '나무에 달린 자마다 저주 아래에 있는 자라' 하였음이라"라고 말합니다. 형벌 대리와 관련해서 이 구절을 어떻게 생각하시는지 말씀해 주시면 감사하겠습니다. 이 구절을 강력한 본문으로 보시나요? 왜 이 본문을 언급하지 않으셨는지요?

개더콜 네, 저도 이 본문이 형벌 대리에 관한 것이라고 생각합니다. 하지만 보충 설명이 필요한데, 이에 대해 아마 라이트 교수님도 동의하시리라 생각합니다. 사실 교수님이 동의하실 줄 저는 알고 있습니다. 바울에게 있어서 이방인은 모세의 율법 아래 있지 않습니다. 이것은 당시 유대인들이 공유한 생각입니다. 오로지 유대인만 율법 아래 있죠. 이방인은 율법 바깥에 있습니다. 이에 대한 바울의 명확한 진술은 로마서 2:12에 나옵니다. "무릇 '아노모스'(*anomōs*, 율법 없이) 범죄한 자는 또한 율법 없이 망하고, 무릇 율법이 있고 범죄한 자는 율법으로 말미암아 심판을 받으리라." 이 말에서 이방인과 유대인에 대한 심판의 기준이 미묘하게 다릅니다. 유대인은 율법에 따라 심판받지만 이방인은 그렇지 않습니다. 따라서 바울이 "그리스도께서 우리를 위하여 저주를 받은 바 되사 율법의 저주에서 우리를 속량하셨다"라고 말할 때, 여기서 "우리"는 구체적으로 바울과 그의 동료 유대 그리스도인들을 가리키는 것입니다. 인류 전체가 율법과 그 저주 밑에 있다가 속량받은 것에 대한 보편적인 진술이 아닙니다. 그러므로 여기서 말하는 저주는 신명기 24-28장의 요약으로서, 불순종으로 이스라엘에게 내려진 언약적 저주를 말하는 것입니다.

라이트 신명기 32장도 잊어서는 안 됩니다. 바울이 아주 좋아하는 본문 중 하나지요. 맞아요, 저는 개더콜 교수님의 설명에 상당히 동의합니다. 문제가 생겼던 것은 갈라디아서를 마치 "내가 어떻게 천국에 갈 수 있을까?"라는 중세 후기의 질문에 대한 답인 것처럼 해석했기 때문입니다. 하지만 바울은 갈라디아서에서 그 질문에 답하려고 한 것이 아닙니다. 흥미롭게도 칼 바르트(Karl Barth)는 어두웠던 1950년에, 바울의 새 관점이 알려지기 20여 년 전에 쓴 『교회 교의학』(*Church Dogmatics*)[3] 4권에서 루터의 문제는 자기 자신의 상황을 갈라디아서에 투영한 것이라고 말했습니다. 따라서 이것은 E. P. 샌더스(Sanders)나 저나 다른 어떤 사람이 생각해 낸 어떤 최신 유행 같은 것이 아닙니다. 이것은 20세기의 위대한 신학자 중 한 사람의 기민한 관찰입니다.

---

[3] ⎯ Karl Barth, *Church Dogmatics*, trans. and ed. G. W. Bromiley, ed. T. F. Torrance (Edinburgh: T&T Clark, 1976), IV/1:622-623; 『교회 교의학』(대한기독교서회). N. T. Wright, *Paul and His Recent Interpreters* (London: SPCK, 2015), pp. 86-87에서 다룬 나의 논의를 보라.

질문 7 제 질문은 성경에 관한 것은 아닙니다. 속죄가 어떻게 지옥에 가는 사람들과 연관되는지를 조금 말씀해 주실 수 있으신지 궁금합니다. 제가 이것이 궁금한 까닭은, 대중의 차원에서 우리는 다음과 같이 생각하기 때문입니다. '하나님이 누군가를 죽이셔야 했고, 공의를 위해서 그런 죽음이 필요했는데, 예수님을 죽이셔서 하나님이 공의로워지셨고 우리 몇몇을 하프를 연주할 수 있는 천국에 보내시는 것이다.' 교수님이 그리시는 그림에서는 우리의 소명을 되찾는 것이, 속죄에 관한 맥락에서 적게 잡더라도 지대한 부분처럼 보입니다. 하지만 그것이 지옥에 가는 자에게는 해당하지 않는 것 같습니다. 해당하지 않을 뿐 아니라, 속죄가 그들에게는 실패한 사역이며, 우리가 되찾는 소명, 청지기가 되고, 아마도 동반-창조자가 되는 그 소명이 지옥으로 갈 사람에게는 배제된 영역인 것처럼 보입니다.

라이트 감사합니다. 무슨 질문이신지 잘 압니다. 많은 사람이 이 질문을 하죠. 이 질문은 우리가 나누는 이야기에 직접적으로 관련되지는 않습니다. 제 책에서도 논의하지 않죠. (개더콜 교수님, 교수님의 책에서도 이 내용을 논의하지 않은 것으로 아는데, 맞죠?) 일단 간단하게 말씀드리겠습니다. 제 생각에 하나님이 복음 가운데 역사하실 때, 그 목적은 인간을 재창조하여 하나님의 창조 목적의 부분이 되게 하는 것입니다. 하지만 하나님이 인간을 책임감 있는 형상을 지닌 자로 만드셨기에 그 책임을 무효화하지 않을 것입니다. 아마도 누군가가 "나는 계속 우상을 섬기고 싶어. 난 정말 **이런** 우상이 좋고 **저런** 우상이 좋아서 계속 그들을 섬길 거야"라고 말한다면, 이것은

"나는 하나님의 형상을 지니는 인간이 되고 싶지 않아"라고 말하는 것과 마찬가지입니다. 이러한 삶의 논리적 귀결을 바울은 '파괴' 혹은 '궁극적 사망' 혹은 이와 비슷한 말로 표현합니다. 로마서 2장의 일부와 데살로니가후서와 다른 많은 본문에 나와 있습니다. 이것이 무슨 뜻일까요? 형상을 지니는 피조물이 되기를 멈춘다는 뜻으로 볼 수 있습니다. 그들은 책임 있는 선택을 한 것입니다. 아니면 책임 있는 선택을 무책임하게 사용한 것이라고 말할 수도 있겠습니다. 만약 이 상황에서 뒤로 물러나서 "하나님이 이렇게 하셨어야 한다"와 같이 거의 수학적인 틀로 생각하면 문제가 생깁니다. 이것은 죄와 궁극적인 파괴 자체의 문제를 말하는 것이 아니라 이것을 어떻게 생각해야 하는지에 관한 문제를 말하는 것입니다. 다음과 같이 생각하는 (오늘 이 자리에 계신 분들께는 분명 해당하지 않지만) 일부 조직신학자의 경우에 문제가 생기는 것입니다. "만약 상식적인 하나님이 계신다면, 그는 X를 행했을 것이다. 그런데 그가 Y를 행한 것 같다. 이상하지 않은가?" 이것은 제가 접근하는 방식이 아닙니다. 제가 추구하는 사고방식은 말하자면 창세기에서 시작하여 앞으로 나아가고, 요한계시록에서 시작해서 뒤로 나아갑니다. 이러한 사고방식에서 제 생각이 나오는 것입니다. 형상을 지니는 인간은 '무책임하게 책임 있는' 선택을 했기에 "나는 이 우상을 계속 섬기고 싶고 그만두지 않을 것이다"라고 말하는 것입니다. 우리 인간들은 그런 선택을 할 수 있습니다. 개더콜 교수님, 동의하시는지요?

개더콜 네, 로마서 11:32이 떠오릅니다. 하나님이 "모든 사람을 순종하지 아니하는 가운데 가두어 두심은 모든 사람에게 긍휼을 베풀려 하심이로다"라고 바울이 말하죠. 십자가가 없으면 모든 이가 심판 아래 갇히는 것입니다. 그리고 비극적이게도 어떤 이들은 그 안에 있기로 선택하죠.

라이트 같은 장(11:32) 앞부분에서 바울은 "그들도 믿지 아니하는 데 머무르지 아니하면 접붙임을 받으리니"라고 말합니다. 가정법으로 말하는 것이죠.

질문 8 제 질문에 대해 두 분 모두의 의견을 듣고 싶습니다. 우리가 대리와 속죄를 논의하고 있는데요, 이 주제들을 어떻게 레위기 16장과 죄 소멸(expiation) 개념에 연관시키시겠습니까?

라이트 무엇과요? 잘 못 들었습니다. 죄송합니다.

질문자 희생 염소와의 연관성, 즉 죄 소멸과의 연관성 말입니다.

개더콜 예, 제가 대답하겠습니다.
라이트 교수님 차례입니다.
개더콜 레위기 16장에는 두 종류의 제사가 등장합니다. 숫양과 염소를 바치는 것인데 둘 다 죽이거나 도살합니다. 그리고 또 다른 염소가 있는데 이것은 산 채로 바쳐집니다. 제가 아는 한 신약성경은 이 희생 염소를 언급하지 않습니다. 교부들은 희생 염소 개념을 발전시키지만 신약성경은 그렇게 하지 않습니다. 신약성경에서 레위기 16장이 등장할 때 지배적인 초점은 도살당하는 황소와 염소입니다(히 10:3, 11을 참조하십시오).

라이트 하지만 제 생각에 우리가 자주 놓치는 점은 희생 염소의 머리 위에만 죄를 고백한다는 것입니다. 바로 이 때문에 이 염소는 죽여서 바치지 않습니다. 왜냐하면 이 염소는 부정하며 하나님께는 부정한 것을 바칠 수 없기 때문입니다. 이 희생 염소의 머리 위에 죄를 고백했기 때문에 이 염소는 부정해졌고 그래서 쫓아 버리는 것입니다. 레위기의 주요 핵심은 어떻게 죄가 심판받는지가 아니라 어떻게 오염을 제거하여 정결하게 되느냐입니다. 그렇기에 출애굽기의 마지막에 (백성의 죄에도 불구하고!) 성막이 세워지는 것입니다. 하나님이 이제 거하십니다. 하지만 백성들 가운데 거하시는 것은 아닌데, 왜냐하면 하나님은 사실상 백성의 진 바깥, 출입문 바깥에 계시기 때문입니다. 여기가 백성들에게 갈 수 있는 가장 가까운 곳입니다! 그는 영광 중에 거하십니다. 40장에 나오는 이 부분이 출애굽기의 영광스러운 절정입니다. 그렇기에 레위기가 다루는 질문은 분명합니다. 도대체 어떻게 우리의 문 앞에 계신 하나님의 위험한 임재를 유지할 것인가? 항상 존재하는 위험은 백성의 죄와 타락과 오염으로 성소가 더럽혀지면 하나님의 영광이 거하실 수 없게 된다는 것입니다. 그렇기에 성소를 씻어 정결하게 해야 합니다. 죄와 그 외 사망의 모든 증상은 창조주 하나님의 임재를 막을 것입니다. 그래서 성소는 생명의 궁극적인 상징인 피로 씻겨야 합니다. 바로 이 이유로, 제가 전에도 말씀드렸듯이, 제사로 드려지는 동물들을 이교도 제사에서 하듯이 성소에서 죽이지 않는 것입니다. 죽이는 것은 핵심이 아닙니다. 생명을 나타내는 피가 성소를 깨끗하게 하는 것입니다.

개더콜 하지만 제 생각에는 레위기 16장이 신약성경에서 사용될 때는, 예를 들어 로마서 3장이나 8장에서는, 성막의 맥락에서 분리된 형태로 변하여 사용됩니다.

라이트 하지만 그것은, 제가 말씀드렸듯이, 신약성경에서 일어나는 놀라운 일 중 하나, 즉 유월절 이미지와 레위기 제사의 전례 없는 결합 때문입니다. 유월절과 양의 제사는 죄 용서에 관한 것이 전혀 아니었습니다. 이스라엘 백성은 죄를 지었기 때문에 이집트의 노예가 된 것이 아니었습니다. 하나님은 그들을 구조하려고 오신 것입니다. 유월절 이미지와 속죄 이미지가 결합되는 것은 제 생각에 신약성경 전에는 이사야 53장에서만 발생합니다. 이 둘이 결합된 이유는 이스라엘이 포로로 잡혀간 이유가 그들의 죄였기 때문입니다. 포로기에 있는 이스라엘에게는 새 출애굽이 필요했기 때문에 이를 위해 새로운 유월절이 필요했던 것입니다. 하지만 포로기는 이집트의 종살이와는 다르게 이스라엘이 지은 죄의 결과로 발생했기 때문에 새 출애굽은 구조 작전과 동시에 죄 용서의 사건이 되어야 했던 것입니다. 이 모든 일이 일어나야 이스라엘의 하나님이 드디어 돌아오셔서 자신의 백성과 함께 거하실 수 있는 것입니다. 정확히 이사야 52장에서 나온 그대로 말입니다.

질문 9 정말 감사합니다. 두 분 모두에게 드리는 질문입니다. 이미 대화 중에 소개된 주제이고 근접하게 접근하기도 했습니다. 하지만 지난 몇 시간 동안의 논의에 언급되지 않은 단어가 하나 있습니다. 왜 지금까지 '지옥'이라는 단어를 사용하지 않았는지 알고 싶습니다. 궁금한 이유가 두 가지 있습니다. 먼저는 로마서 8:3입니다. 만약 죄가 정죄되고, 기준 미달로 드러나고, 심판을 받았다면, 하나님의 공의가 나타나는 곳은 어디입니까? 이 질문을 드리는 이유는 몇 년 전에 프랜시스 스퍼포드(Fransis Spufford)가 『당당함』(unapologetic)[4]이라는 아주 흥미로운 책을 썼는데, 거기서 그는 대부분의 현대 신학자가 지옥을 닫았다고 주장합니다. 이들이 사실상 "지옥은 존재하지 않는다. 우리는 더 이상 지옥이 필요하지 않다. 지옥은 현대와 무관한 쓸모없는 개념이다"라고 말했다는 것입니다. 이러한 이야기를 들으면 '어떻게 감히 지옥의 존재 여부를 그렇게 한 개인이 결정하듯이 말할 수 있을까'라고 모두 생각할 것입니다. 하지만 이 질문을 드리고 싶습니다. 두 분이 제시하는 속죄의 비전에 심판이 어떻게 연관됩니까? 지옥은 쓸모없는 개념입니까?

라이트 현대의 서양 그리스도인 다수가 여전히 지옥에 대한 중세적인 비전을 붙들고 있는데 이러한 비전은 사실 쓸모없습니다. 이것은 항상 기독교 이전에 이교도들이 가졌던 생각을 재생한 것으로서 화난 신들이 인간이 죽은 후 끔찍한 짓을 한다는 것이 골자입니다. 이것은 고대의 이교도적 사고입니다. (덧붙이자면, 이러한 생각

---

[4] —— Francis Spufford, *Unapologetic: Why, Despite Everything, Christianity Can Still Make Surprising Emotional Sense* (London: Faber & Faber, 2012).

의 반작용으로 에피쿠로스주의가 생겨난 것입니다. 15세기 이후에도 이와 똑같이 에피쿠로스주의가 재생되는데 중세 신학의 반작용으로 생겨난 것입니다.) 그래서 문제는, '속죄'라는 단어의 경우와 마찬가지로 '지옥'이라는 단어도 맥락에 따라 여러 뜻을 나타낸다는 것입니다. 그렇기에 만약 "지옥에 찬성하십니까, 반대하십니까?"라고 묻는다면, "죄송하지만 답할 수 없습니다. 질문하신 '지옥'이라는 단어의 뜻을 먼저 알아야겠습니다"라고 말하고 싶습니다. 많은 사람이 여전히 전통적인 서양의 교리를 염두에 둡니다. 동방정교회는 (첫 번째 줄에 동방정교회 동료분들이 몇몇 계시네요!) 서양 전통과는 다른 식으로 최후의 심판을 이해합니다. 제가 예전에 시스티나 성당(로마 바티칸 궁전에 있는 성당, 미켈란젤로의 벽화 "최후의 심판"이 성당 내부에 있다—편집자)에 동방정교회 대수도원장과 함께 앉아 있었는데 그때 "최후의 심판"을 바라보며 그가 이렇게 말했습니다. "우리 동방에서는 이런 식으로 하지 않아요." 하지만 동방에서는 어떻게 **하는지**에 대해 그에게 설명을 들을 기회는 없었습니다. 아마도 이디스 험프리(Edith Humphrey) 교수님이 내일 이야기하지 않을까 합니다. 이렇게 지옥에 대한 개념을 극적으로 표현하는 방법은 다양합니다. 항상 똑같은 것을 이야기하는 것은 아니라는 뜻이죠. 저는 만인구원론자가 아니고 지금까지 그랬던 적도 없습니다. 아까 말씀드렸다시피 하나님을 거부하는 것은 가능하며 또한 비극적인 사실이라고 생각합니다. 이것이 비극적인 이유는 특히 제가 아는 사람 중에 이렇게 말할 위험에 처한 사람이 있기 때문입니다. "나는 살아 계신 하나님을 예배하지 않고 우상을 숭배할 거야. 그들이 훨씬 더 나한테 맞아. 나 자신에 대해 기분 좋게 느끼도록 해 줘. 그게 뭐든." 이것은 "나는 참된 인간이 되고 싶지 않아"라고 말하는 것과 마찬가지라고 생각합니다. 제 생각에 머지않아(C. S. 루이스가 이렇게 말한 것으로 기억합니다), 오직 두 종류의 사람들만 있을 것입니다. 하나님께 "당신의 뜻이 이루어지이다"라고 말하는 사람들과, 안타깝게도 하나님에게 "너의 뜻이 이루어지리라"라는 말을 듣는 사람들입니다. 생각해 보면 하나님의 형상을 지니는 참된 인간됨의 상실이 우리가 상상할 수 있는 가장 무서운 단테적인 지옥 그림보다 훨씬 더 무서운 것 같습니다.

개더콜 바울은 예수님이 다가올 진노에서 우리를 구하신다고 아주 명료하게 말합니다. 데살로니가전서 1:10이 그런 구절입니다. 그리스도인들이 "장래의 노하심에서 우리를 건지시는" 아들을 기다리고 있다고 말합니다. 그리고 비슷하게 로마서 5:8-10에서도 속죄와 칭의를 근거로 신자들은 예수님이, 살아 계신 예수님이 그들을 하나님의 진노에서 구하실 것이라고 자신합니다. 분명한 요지입니다.

라이트 그럼 프랜시스 스퍼포드는 어떻게 이해해야 할까요? 그의 책은 흥미롭고 잘 쓰였습니다. 저는 그 책의 많은 부분에 동의하지 않지만 어떤 점들은 정확합니다. 제 생각에 그가 현대의 자유주의적인 영국 신학자 여럿과 어울린 것 같은데 그들이 일부 집단의 의견을 반영하기는 하지만, 분명히 신학계 전반을 대표하는 것은 전혀 아닙니다. 영국의 신학계도 대표하지 못하며 미국은 확실히 아닙니다.

질문 10   두 분께 질문드립니다. 라이트 교수님, 시작 발제에서 복음서 저자들이 어떻게 속죄 신학에 기여했는지 살펴보는 것이 중요하다고 말씀하셨습니다. 이에 대해서 두 분께서 좀 더 자세히 설명해 주시면 좋겠습니다. 왜냐하면 오늘 저녁 시간 대부분의 이야기가 바울을 중심으로 진행되었기 때문에 그렇습니다. 그리고 복음서 저자들과 복음서 자체가 어떻게 예수님의 죽음에 대한 묘사를 제공하는 것을 넘어서 속죄 신학에 대한 우리의 이해에 기여하는지 교수님들의 생각을 듣고 싶습니다.

라이트   아주 간단하게 말씀드리면, 이것은 하나님 나라에 관한 것입니다. 1세기 사람들은 하나님 나라를 말할 때 시편과 다니엘서와 함께 유명한 이사야 52:7-12의 본문을 사용했는데, 이 본문은 전부 하나님이 왕으로 귀환하시는 내용입니다. "너희 하나님이 다스리신다"라는 외침입니다. 하나님이 너희를 바빌론에서 구조하고 계시며 파수꾼이 하나님의 귀환을 볼 것이라는 뜻입니다. 어떤 모습으로 오실까요? 놀랍게도 선지자는 이사야 52:13-53:12로 대답합니다. 선지자는 묻습니다. "그가 여호와의 팔이라는 것"을 "누가 믿었느냐?" 귀환하시는 이스라엘의 하나님이 고난받는 종을 통해 승리를 이루시고 언약을 갱신하시며(사 54장) 피조 세계를 회복하십니다(사 55장). 복음서는 이 모든 것이 마침내 예수님을 통해 이루어지고 있음을 밝혀 줍니다. 이와 동시에 다니엘 7장의 모든 메아리가 들리고 이와 함께 다니엘 2장의 약속('돌'이 산이 되고 땅을 덮어 악한 왕국들을 무너뜨림)과 다니엘 9장의 약속(확장된 '포로기' 이후에 따르는 기이한 메시아적 구속)도 소환됩니다. 다니엘 7장 자체가 어두운 이교도 세력인 괴물에 대항해 "인자 같은 이"가 정당성을 입증받는 내용입니다. 따라서 복음서는 악의 세력을 무찌른 하나님의 승리에 대해 전할 이야기가 많으며, 이 승리는 고난받는 종을 통해서 쟁취됩니다. 마가복음 1:15이 어떻게 작동하는지("때가 찼고 하나님 나라가 가까이 왔으니")를 보면, 이 모든 것이 마침내 이루어짐을 의미한다는 것을 알 수 있습니다. 그러면 우리는 복음서의 나머지 부분들을 이 렌즈를 통해 읽을 수 있습니다. 요한복음의 서문을 렌즈로 삼아 요한복음의 나머지를 읽는 것과 마찬가지입니다. 모두 그렇게 해서 이해하는 것입니다.

개더콜 맞습니다. 나사렛 선언도 그렇게 이해됩니다. 포로된 자가 풀려나고 가난한 자가 복음의 선포를 들을 것입니다. 그리고 마태복음 11장에 첨가된 것같이, 죽은 자가 살아날 것입니다. 이런 일들은 하나님 나라가 역사하고 있음을 보여 주며 새 하늘과 새 땅에서 완성될 것입니다. 이 새 하늘과 새 땅은 이미 예수님의 사역 가운데 임하고 있습니다.

라이트 하지만 이 모든 것이 십자가에서 얻을 승리에 달려 있습니다.

질문 11 이 질문은 우선 라이트 교수님께 드립니다. 교수님이 최근에 앨런 토런스를 언급하셨습니다. 많은 교부와 토런스 지지 집단, 그리고 다른 어떤 이들은 '인간 본성의 구속'이라는 취지의 언어를 많이 사용합니다. 이 표현과 더불어 "취해지지 않은 것은 치유될 수 없는 것이다"(the unassumed is the unhealed)라는 말도 하죠. 예수님이 신적 본성을 인성에 작용하게 하셔서 인성을 일으켰다는 등의 그러한 모든 종류의 말이 이에 속합니다. 교수님의 생각에 이러한 언어가 속죄 사건을 이해하는 데 어느 정도 유용하다고 생각하십니까? 그리고 만약 유용한 점이 있다면 어떻게 그것을 교수님의 더 큰 그림 안에 통합시킬 수 있습니까?

라이트 지금 많은 사람을 인용하셨는데요, "취해지지 않은 것은 치유될 수 없는 것이다"라는 표현은 나지안조스의 그레고리오스가 한 말입니다. 원어로는 '아프로스렘프토스 아테라퓨토스'(*aproslēmptos atherapeutos*)입니다.[5] 맞습니다. 이것이 토머스 토런스(Tomas Torrance)의 작업 초석 중 하나입니다. 이것은 중요한데 왜냐하면 하나님이 이 세상을 만드셨을 때 세상이 인간을 통해 지혜롭게 다스려지게 하셨다는 진리를 잘 나타내기 때문입니다. 하나님에 관한 중요한 진리 중 하나는 하나님이 인간을 통해 일하시는 분이라는 사실입니다. 창세기 1장과 2장이 말하는 주요 요지 중 하나가 그것입니다. 인간이 그 역할을 다하지 못한다 하더라도, 하나님이 "그럼 그 부분은 잊어버리고 그냥 나 혼자 세상을 다스려야겠다"라고 말하지 않으십니다. 하나님은 인간을 구하셔서 그들이 피조 세계를 회복하려는 그의 영광스러운 계획 속에서 자신들의 역할을 다시 감당하기를 원하십니다.

---

[5] ⎯⎯ Gregory Nazianzus, *Letter* 101.5, *To Cledonius the Priest*. 그레고리오스는 하나님의 구원 계획이 성취되려면 예수님이 온전히 그리고 완전하게 인간이 되셔야 했음을 알았다.

전체 이야기는 이렇게 진행됩니다. 그렇다면, 어떤 속죄론에서는 다음과 같은 문제가 발견됩니다(질문자가 언급한 사람 중 누군가를 꼭 비판하는 것은 아닙니다). 이들은 인간이 **인간 자신을 위해** 구속받는다고 생각합니다. 아닙니다! 대답은 이것입니다. 인간이 구속받는 이유는 하나님이 그들을 사랑하시기 때문이고(맞아요, 당연합니다), 또한 하나님이 자신의 사랑 **안**에서 그들을 **통해** 영광스럽게 일하시기 위해서고 그들이 하나님의 창조 프로젝트를 위해 일하며 참된 인간으로 완성되게 하기 위해서입니다. 따라서 인간의 회복이라는 주제, 그리고 인간을 회복하기 위해 하나님이 성육신하심으로 반드시 (소위) 인간화되어야 했다는 것은 매우 근본적인 사실입니다. 이것을 이해하기 어렵다면, 아마도 우리가 사고의 구조를 잘못 짜서 참된 인간됨을 생각하지 못했기 때문일지도 모릅니다. 하지만 우리가 다시 돌아가서 더 성경적으로 생각한다면, 참된 인간됨에 대해 더 많이 생각해야 합니다.

질문 12 두 분께 질문합니다. 성경적으로 보았을 때 속죄에서 가장 중요한 것은 우리를 타락하지 않은 상태로, 즉 라이트 교수님이 말씀하시는 참된 인간의 상태로 회복시키는 것입니까, **아니면** 하나님을 영원토록 영화롭게 하는 긍휼의 그릇이 되는 것입니까?

개더콜 '아니면'에 대해 이야기해 봐야겠군요! [모두 웃는다.]
라이트 대답은 '그렇다'라고 해야겠습니다.

개더콜　저는 우리를 단지 타락하지 않은 상태로 만드는 것이 속죄의 목적이 아니라고 생각합니다. 그런 주장은 마치 십자가가 그저 시간을 창세기 1장과 2장으로 되돌려 놓았을 뿐이라고 말하는 것과 같습니다. 진보가 이루어지는 것이 확실합니다. 그래서 요한계시록 21-22장의 상태는 단순히 창세가 1-2장의 상태를 재현하는 것이 아니라 그 상태를 능가합니다. 그러나 저는 (아마도 이 부분에서 우리 입장이 여전히 차이를 보일 것 같은데) 속죄의 초점은 그럼에도 우리가 하나님을 영화롭게 하고 찬송하는 피조물로 다시 만들어지는 것이라고 생각합니다. 우리가 하나님이 우주를 회복하신다는 계획의 일부가 되는 것은 속죄의 이차적, 심지어는 삼차적인 목적에 해당한다고 할 수 있겠습니다.

라이트　제가 읽기로는 요한계시록 4장과 5장은 성경 전체에서 매우 영광스러운 곳 중 하나인데, 여기서 피조 세계 전체가 하나님을 찬양하는 가운데 인간은 '왜냐하면'이라는 말을 첨가합니다. "당신은 존귀하십니다. **왜냐하면** 모든 것을 지으셨기 때문입니다," 그리고 "당신은 존귀하십니다. **왜냐하면** 속량하시고 구속하셨기 때문입니다" 등의 설명입니다. 신학의 문제 중 하나는 항상 모든 것을 이야기해야 한다는 것입니다. 그렇지 않으면 무언가를 의도적으로 빼놓았다고 사람들이 오해합니다. 모든 것이 하나님의 영광을 위한 것입니다. 물론 그렇습니다. 완전히 옳은 말입니다. 그것이 가장 궁극적인 것이 되어야 합니다. 제가 지금까지 여러 해 동안 시편으로 기도해 왔는데, 시편으로 기도하면 하나님의 영광을 추구하는 데까지 나아갈 수밖에 없습니다. 개더콜 교수님이 시작 발제 말미에 로마서 15:7-13의 일부를 인용하셨는데, 그 본문은 토라와 성문서와 선지서에서 비롯한 본문들을 세심하게 결합한 것입니다. 그리고 이 모든 본문은 전체로서 하나님이 인류를 하나로 모아 그들이 함께 하나님을 찬양하게 하신다고 말합니다. 이것은 인간에게 의도하신 하나님의 모델의 회복인데 이에 대한 구체적이며 정확한 이유는 바로 인간이 피조 세계의 제사장이 되어서 하나님을 영화롭게 하도록 지어졌기 때문입니다. 여기서 양자택일의 구도는 존재하지 않습니다.

질문 13   저는 처음에는 역사를 공부하는 학생이었는데 지금은 신학생입니다. 제가 이교도 신화들을 공부했을 때 제가 이해한 바로는, 신에게 저항하는 극단적인 경우를 제외하고는 인간이 살아 있는 동안 신이 심판을 요구한다고 이교도들은 믿었지만, 심판이 사후에도 반드시 지속된다는 종말론은 이들에게 없었습니다. 그래서 [어떤 그리스도인들이] 이교도적인 이해에 의존한다고 말씀하시거나 사후에 사람들을 심판하는 신에 대한 종말론에 영향을 받았다는 식으로 말씀하실 때마다 저는 개인적으로 그 근거를 찾기가 힘듭니다. 그래서 물어보고 싶습니다. 제가 잘못 알고 있는 건가요? 아니면 이러한 종말론 이해를 도출하는 또 다른 자료가 있습니까?

라이트   훌륭한 질문입니다. 감사합니다. 이 주제가 거론되어서 기쁩니다. 왜냐하면 저는 소위 말해, 거울을 통해서 가장 잘 볼 수 있다고 생각하기 때문입니다. 철학자는 인기 있는 이교도적 믿음이라고 생각하는 것에 반발합니다. 그래서 에피쿠로스의 글과, 루크레티우스가 기록한 에피쿠로스의 주요 진술(기원전 1세기: 에피쿠로스주의에 대한 주요 진술)에서 그들은 당시 일반적이었던 믿음에 대항해 논쟁합니다. 그것이 일반적이지 않았다면 그러한 믿음을 생각해 낼 이유가 없었을 것입니다. 하지만 그들의 논쟁 대상이었던 대중적 믿음에 대한 자료는 똑같이 시적인 형태로 기록되어 있지 않기 때문에 (호메로스나 그리스 비극과 같은 더 오랜 전통의 경우는 제외하고) 그에 대한 강력한 문학적 증거를 찾지는 못합니다. 물론 어떤 그리스 희곡에서는 복수의 여신들이 사람들을 쫓아다니거나 온갖 비슷한 짓을 하여 공포가 무덤 건너편까지 그들을 추격합니다. 여기서 조심해야 할 부분은 철학자들이 철학자인 이유가 최소한 부분적으로는 그들이 평범하고 대중적인 이교도주의에 질렸기 때문이라는 점입니다. 그들은 "달라야만 한다. 만약 신이 있다면 그와는 달라야 한다"라고 말하는 것입니다. 그렇다면 우리는 그들의 거울을 보며 그들이 무엇에 반발하는지를 파악해야 합니다.

개더콜 상당히 많은 다양성이 존재한다고 저는 생각합니다.

라이트 그럼요, 물론입니다.

개더콜 플라톤적 전통에서는 사후 상태에 상당히 강조점을 둡니다. 제 생각에 현대 서양 문화에서 플라톤은 일종의 최고의 합리주의자로 신격화되는데 플라톤만이 합리주의자는 아닙니다. 그는 이성을 사용하지만 소크라테스도 이성을 사용합니다. 하지만 이성으로 충분하지 않을 때는 신화가 들어옵니다. 그러한 신화 중 죽은 자의 영혼이 심판을 위해 아케루시아 호수에 들어간다는 이야기가 나옵니다. 에피쿠로스주의자들은 정반대 편에 속한 자들입니다. 스토아주의자들은 사후의 삶에 대해 다소 모호하며, 스토아주의 내에서도 약간의 다양성이 있습니다.

라이트 네, 하지만 네, 맞습니다. 제가 플라톤에 대한 그 부분을 잊었습니다. 결국 증거가 있는 것입니다. 하지만 이 증거는 이러한 믿음이 실제 기록된 증거보다 더 널리 퍼져 있음을 암시한다고 생각합니다. 일종의 염려스러운 기도라 할 수 있는 고대의 비문에서도 볼 수 있죠. "'논 푸이, 푸이, 논 숨, 논 큐로'(*Non fui, fui, non sum, non curo*). 나는 없었다. 나는 있었다. 나는 있지 않다. 나는 상관하지 않는다." 하지만 어떤 것에서 구조되리라는 소망을 실제로 표현하는 비문들도 있습니다. 이 세상 너머에 있는 어떤 것에 대한 일종의 불분명한 두려움이 있는 것이죠. 그렇습니다.

두 번째 날

❖

마무리 논평 / 질의응답

❖

라이트 고맙습니다. 살아 있는 신학에 대해 어떻게 생각하는지 이야기해 보는 거죠? 제가 여섯 가지를 적었고 하나하나 말씀드리겠습니다. 교수님도 똑같이 하셨죠?

개더콜 네.

라이트 제게 있어서 매우 흥미로운 것 중 하나는 주해와 신학에 대한 논의와 이 둘이 어떻게 함께 조화되는지에 대한 논의입니다. 사실 주해에서 신학적 문제를 제기하지 않고서는 세 걸음 이상 나아갈 수 없습니다. 그리고 신학에서도 "잠깐만요, 어떻게 이게 성경에서 비롯됩니까?"라는 질문을 던지지 않고서는 세 걸음 이상 나아가면 안 됩니다. 하지만 우리는 늘 이 둘 사이의 조화를 잘 이루지 못했고 이 둘이 어떻게 상호작용하는지에 대해 지혜롭게 생각하지도 못했습니다. 이 조화를 이루는 법을 오늘 조금 목격할 수 있었을 것이라 생각합니다. 바라건대 오늘의 대화가 십자가를 생각하는 데 도움을 주었을 뿐 아니라 주해와 신학이 어떻게 조화되는지에 대한 더 큰 주제에 대해 생각하는 데도 도움이 되었으면 좋겠습니다. 개더콜 교수님도 동의하시리라 생각합니다.

개더콜 네, 완전히 동의합니다. 다행스럽게도 제가 일했던 학교들에서는 조직신학자들이 성경에 관심을 가졌습니다. 애버딘 대학교에서는 존 웹스터(John Webster) 교수님이 동료로 계셨고, 지금 케

임브리지 대학교에서는 이언 맥팔런드(Ian McFarland) 교수님이 동료로 계십니다. 그래서 저도 동의합니다. 주해와 신학의 조화가 훨씬 더 많이 이루어져야 합니다.

라이트 맞습니다. 우리는 각자의 영역에서 너무 바빠서 해를 거듭하며 자신의 일에만 계속 몰두하느라 다른 세계에서 무슨 일이 일어나는지에 대해서는 어렴풋이 들을 뿐입니다. 통합할 시간이 없습니다. 하지만 이 일은 정말로 필요합니다. 그렇지 않으면 우리는 서로에게서 너무 멀어집니다. 저에게 아주 흥미로웠던 일 하나는 궁극적인 구원에 대해 어떻게 생각하는지를 설명해 달라고 요청받아 온 것입니다. 제가 지난 10년에서 15년간 이 점을 강조해 온 사람 중 하나여서 그런 것 같습니다. 사람이 죽을 때 영혼이 천국에 간다고 생각하는 것은 플루타르코스의 생각입니다. 이와 다르게 우리는 새 하늘과 새 땅을 생각합니다. 그리스도 안에서 하늘과 땅이 통합되는 것입니다. 이 생각은 모든 것에 영향을 줍니다. 교수님도 이에 동의하시는 줄 압니다.

개더콜 음, 저는 부분적으로 동의하는 것 같습니다.

라이트 교수님, 당연히 동의하시잖아요. 명확하게 표현해 주세요. [청중이 웃는다.]

개더콜 당연히 부활은 세상을 살짝 손보는 차원의 일이 아닙니다. 하지만 한편으로는 조심해야 할 부분도 있다고 생각합니다. '행위-계약'과 천국으로 가는 영혼을 **한쪽에** 놓고 인간의 온전한 사명과 새 하늘과 새 땅을 **또 다른 한쪽에** 놓아 양자택일의 구도로 생각하는 위험 말입니다. 이 둘 사이에 다른 선택지가 꽤 있습니다.

라이트 제가 다루는 사항보다 더 많은 내용을 첨가하시는데요, 저는 단순히 궁극적인 종말에 관해서 말한 것입니다. 그것을 어떻게 표현해야 하는지에 관해서요.

개더콜 네, 새 하늘과 새 땅에 대해서는 교수님 생각에 완전히 동의합니다.

라이트 그렇다면 이 생각은 정말로 확장이 가능한데요. 십자가의 의미에 대해 질문할 때 저에게 문제가 되는 것이 있는데, 이른바 '성전 신학'에 관한 것입니다. 제사와 형상과 다른 여러 중심적인 용어를 어떻게 성전 신학을 통해 재고하느냐는 것이죠. 현재 우리의 논의에서는 이 이야기를 하지 않았는데, 예수님이 예루살렘에 오셨을 때, 그는 무슨 일을 해야 하는지 아셨고, 그가 하신 주된 일은 성전 안에서의 시위였습니다. 이에 대해 저는 예수님이 성전에서 하신 일과 다락방에서 하신 일(막 14:15과 그 이후)이 상호 설명적인 관계라는 주장에 동의합니다. 두 사건 모두 현재의 체제가 하나님의 심판 아래에 있다는 선언입니다. 이것은 최후의 만찬을 내다봅니다. 최후의 만찬은 성전을 대체할 것을 제정하는데 건물이 아닌 예수님 자신이 초점이 됩니다. 교수님도 이에 동의하시지 않을까 생각하는데 지난 하루 동안 우리가 이에 대해서 실제로 이야기하지는 못했죠. 하지만 저는 이것이 예수님의 죽음이 지니는 의미에 대해 예수님이 직접 제시한 해석이라고 생각합니다.

개더콜 네 저도 성전이 중요하다고 생각합니다. 하지만 교수님이 말씀하시는 만큼 성전에 의미를 두지는 않을 것 같습니다. 예를 들어 저는 교수님이 종종 영화(glorification)를 성전에 관한 이미지라고 강하게 강조하신다고 생각하는데, 저는 그렇게 설득되지는 않습니다. 분명 성전은 영광에 관한 하나의 맥락입니다. 교수님이 지적하시듯 시편 8편은 또 하나의 맥락입니다. 구약성경에서는 영광과 형상에 관한 언어가 다양한 맥락 속에서 표현됩니다.

라이트 하지만 제2성전기 때 유대인의 입장에서는, 누군가가 하나님의 영광이 회복됨을 이야기한다면, 이에 대한 자연스러운 해석은 에스겔의 마지막 장을 통해 이루어질 것입니다. 이 장은 출애굽기 마지막 장에 대한 반복으로서 새로운 성전이 생길 것이며 최종적으로 하나님의 영광이 귀환하여 그곳에 거하실 것이라고 말합니다. 그다음 누가복음에서는 사람들이 '하나님이 자신의 백성들에게 오셨다'고 말하는데 분명 이것은 누가복음의 주제입니다. 특히 예수님이 성전이 파괴될 것이라고 말씀하시는데 왜냐하면 "이는 네가 보살핌받는 날을 알지 못함을 인함"(19:44)이라는 것입니다. 누가에게 있어서 이것은 분명 하나님의 영광이 귀환하는 것과 같습니다.

개더콜 네, 이 경우에 있어서는 교수님과 의견이 다르지 않습니다.

라이트 하지만 이것이 또다시 제게 의미하는 바는 누가복음 속 십자가의 의미가 (이른바) 요한의 설명에 이미 담겨 있다는 것입니다. 요한복음에서 예수님은 '높이 들릴 때' 하나님의 영광을 나타내십니다. 제 생각에 이것이 요한복음에 나오는 일곱 번째 표적입니다.

(요한복음에서는 표적이 순서대로 등장합니다. 물을 포도주로 바꾼 일이 예수님이 자신의 영광을 드러내신 첫 번째 표적이었고, 예수님이 하나님만의 영광으로 영화롭게 되신 최종적인 표적이 십자가입니다.) 이 또한 우리가 아직 이야기하지 않은 것입니다. 아마도 어쩔 수 없이 우리가 바울에 집중하는 경향이 있는데, 왜냐하면 다양한 전통에 속한 여러 사람이 모인 상황에서는 (이디스 험프리 교수님 당신을 염두에 둔 말입니다) 우리가 바울에게로 가는 경향이 있기 때문입니다. 하지만 요한복음과 또 베드로전서에도 이야기할 만한 흥미로운 내용이 있습니다.

개더콜 네. 상당히 많은 부분 동의합니다. 하지만 여전한 난제는 복음서를 피조물의 회복으로 설명하는 점입니다. 저는 하나님의 전체 구속 사역이 피조 세계의 회복도 포함한다고 기쁘게 인정합니다(어쩔 수 없는 수긍이 아니라 긍정적인 의미에서의 인정입니다!). 하지만 더글러스 무(Douglas Moo) 교수님이 지적한 본문과 제가 지적한 본문 중 일부에서는 하나님의 화해 사역의 일차적인 초점이 인간에 있습니다. 저는 아직도 이 문제가 해소되지 않았습니다. 우리가 이것을 어떻게 해결해야 할지 모르겠네요.

라이트 그렇군요. 교수님을 위해 기도할게요. [청중이 웃는다.]

개더콜 물론 궁극적으로는 복잡한 길을 열심히 걸어가면 요한복음 3:16에서부터 피조 세계의 회복에까지 도달할 수는 있습니다. 하지만 논란이 되는 많은 내용을 봉합해야만 도달할 수 있습니다.

라이트 저는 그것이 논란거리라고 생각하지 않습니다. 창세기 1장 바로 처음에는 하나님이 이 신기하고 특별한 세상을 자신과는 구별된 것으로 만드실 때 이것을 어떻게 조직할지를 분명하게 진술합니다. 하나님은 인간을 통해 이것을 조직할 것입니다. 그분은 자신의 형상을 지니는 인간에게 에덴동산을 가꾸는 사명을 주셔서 여러 일이 발생하게 하시고 생육하고 번성하게 하십니다. 바로 다음 장에서는 동물들의 이름을 짓는 등의 일을 합니다. 이전에 말씀드린 내용을 반복하자면, 창세기 1장과 2장이 하나님에 대해 말해 주는 많은 내용 중 하나는 '하나님'이라고 일컬음받으시기에 합당한 한 분 하나님이 인간을 통해 일하시는 분이라는 점입니다. 그렇게 하시기로 하나님이 결정하신 것입니다. 그리고 여기에는 기독론적으로 심오한 이유가 있습니다. 우리가 어제 충분한 논의를 하지 못했는데, 하나님이 세상을 지으셨을 때, 그는 자신의 두 번째 자아(이렇게 표현하기 원한다면)가 인간의 몸을 입기에 완전히 적합한 방식으로 만드셨습니다. 만물의 주가 되기 위해서 말입니다.

이렇게 이해하면 마치 '타락'(이것을 무슨 뜻으로 이해하든지 간에)으로 인해 하나님이 고민한 결과 안타깝게도 이제 제2위 하나님이 성육신하셔서 세상을 구속하는 불편한 작업을 하셔야 했다는 식으로 생각할 필요가 없습니다. 그 대신 이렇게 생각할 수 있습니다. 타락은 (제 생각에) 한 분 하나님 자신을 내어 주는 사랑을 더 깊이 드러나게 했는데, 이것은 하나님의 창조 사역의 동기가 되었던 그 사랑입니다. 그리고 이러한 생각의 중심에 있는 것이 인간이 하나님의 형상을 지녀서 세상 가운데 하나님을 완전히 나타낸다는 생각입니다. 그렇기에 그분의 형상을 지닌 인간이 잘못하면 세상은 흐트

러집니다. 인간이 그들의 역할을 다하지 않기 때문입니다. 이 경우 하나님은 인간을 바로잡아서 제자리에 놓아야 합니다. 그래서 로마서 8장은 하나님이 **피조 세계 전체를 바로잡기 위해** 인간을 바로잡으신다고 분명히 말합니다. 이것은 또다시 요한계시록에서도 분명하게 나타납니다. "왕 같은 제사장"이 되라는 인간의 소명이 다시 확증되는 것입니다.

여기서 흥미로운 질문이 생깁니다. 어젯밤에 인도에 있는 어떤 사람이 제게 이메일을 보내 "만약 우리가 지구에서 통치하게 된다면, 누구를 대상으로 통치하는 것입니까?"라고 물었습니다. 하나님의 새 세상 속에서 인간이 아닌 동물과 식물 등을 통치하는 것인가요? 이들을 통치한다는 것이 무슨 뜻일까요? 제가 속한 전통에서는 하늘에서 하나님과 함께 안식을 누리며 통치하는 것에 대해 찬송을 부릅니다. 무엇을 통치하는지에 대한 내용이 전혀 없습니다. 그저 둘러앉아서 왕관을 쓴 것에 기뻐하는 거죠. 그러나 질문은 여전히 남습니다.

개더콜 어려운 부분입니다. 왜냐하면 통치라는 것은 [신약성경에서] 너무 발전되지 않은 주제라서 정확히 어떤 내용을 말하는 것인지 파악하기가 힘듭니다. 로마서 8장에 대해서는 교수님의 견해에 완전히 동의합니다. 하지만 8장은 상당히 특이한 부분입니다. 바울이 로마서에서 통상적으로 말하는 내용이 아니죠. 교수님의 책 『바울과 하나님의 신실하심』에 대한 서평에서 제가 정확히 이 점을 지적했습니다. 교수님은 큰 그림을 좋아하셔서 그림이 클수록 더 좋습니다. 제 생각에 조심해야 할 부분은 전 영역에 초점을 두면 중심부에 있는 것을 놓칠 위험이 있다는 것입니다.

라이트 네, 하지만 저는 고린도전서 15:20-28도 논하고 싶습니다. 이 본문은 어제의 대화로 돌아가게 합니다. 제게 아주 흥미로운 점은 바울이 15장 시작 부분에서 '메시아가 성경대로 우리 죄를 위하여 죽으셨다'고 말한 후 20절 뒤에 논증을 이어 나가며 구약성경을 연쇄적으로 인용한다는 것입니다. 이 구약성경의 인용문들은 메시아가 승리를 **이루셨고** 또 승리를 **이루실 것**에 관한 내용입니다. 그렇다면 메시아의 승리와 우리 죄를 위한 메시아의 죽으심 사이에는 암묵적으로 아주 밀접한 연관성이 있어 보입니다. 그리고 후자는 전자를 위한 방법입니다(갈 1:4과 비교하세요!). 따라서 요지는 하나님이 궁극적으로 만유 안에 계시려 한다는 것이고 이것은 우리를 로마서 8장의 똑같은 장소로 돌아가게 합니다. 물론 표현은 다르지만요.

개더콜 물론입니다. 동의합니다. 그것이 궁극적인 방향이죠. 바울이 자신의 복음 요약에서 가장 중요한 요소로 그리스도가 우리의 죄를 위하여 죽으셨고, 죽은 자 가운데서 다시 살아나셨다는 사실을 꼽은 것은 흥미롭습니다. 이에 대해선 몇 시간이고 이야기할 수 있죠.

라이트 정말 중요한 점은 바울이 역사의 중심에 대해 말하고 있다는 것입니다. 그는 실제로 발생한 사건들을 말하고 있으며, 이것은 지렛대의 받침이나 경첩과 같이 역사의 흐름을 뒤바꾸는 사건입니다. 이것이 역사 속에서 십자가가 지니는 의미에 대한 질문의 일부입니다. 제가 어젯밤에 언급했던, 애덤 존슨(Adam Johnson)이 편집한 신간인 『T&T Clark 속죄 지침서』에 불트만의 십자가 이해에 관한 짧은 에세이가 있습니다. 제게 아주 흥미로웠던 점은 저자가 불트만의 팬이었는데도 불구하고 십자가의 의미에 대해 불트만이 기여하는 바가 별로 없다고 말해야 했다는 것입니다. 흥미롭지 않습니까? 불트만에게 십자가는 그저 독일어로 '다스'(Dass)였습니다. 그 사실 자체, 그 사건, 발생한 그것이었죠. 불트만은 예수님이 십자가에 못 박힌 사건이 왜 특별한 의미를 지니는지에 대해 그의 사고 체계 속에서 해석하거나 설명하려는 시도를 거의 하지 않았습니다. 제 생각에 이것은 불트만처럼 루터적 전통에 굳게 서서 바울과 요한을 연구하는 학자에게 있어서는 아킬레스건과 같습니다.

개더콜   수평적 확장이 없는 일종의 수직적 사건이라는 거죠.

라이트   하지만 이것은 더 큰 문제와 연관됩니다. 불트만 혼자 그랬던 것이 아닙니다. 20세기 초의 꽤 많은 신학자가 역사, 역사적 사건, 역사적 내러티브, 혹은 역사 조사에 대해 신학적으로 어떻게 접근해야 하는지 몰랐습니다. 이에 대해 저는 이렇게 말하고 싶습니다. "십자가를 중간에 놓으면 다른 모든 것이 자리를 잡을 것입니다."

개더콜   네, 저도 그 점은 동의합니다. 좀 이따 질의응답 시간이 있을 예정인가요?

라이트   누구든 꼭 묻고 싶거나 말하고 싶은 것이 있다면 그렇게 하시기 바랍니다. 여러분이 생각하고 계시는 동안 두 가지만 말씀드릴게요. 하나는 제가 지난 몇 해 동안 십자가에 대해서 많은 글을 썼는데 그럴 때마다 항상 영적 도전을 느꼈습니다. 이 점에 대해 이 자리에 계신 누구에게든 이렇게 말씀드리고 싶습니다. 만약 십자가에 대해 설교를 하시거나 가르치시는 경우, 교회학교를 인도하시는 경우, 친구들에게 기도해 달라고 부탁하시기 바랍니다. 그리고 영적 공격을 방어할 수 있는 적절한 조치를 꼭 취하시기 바랍니다. 이 교리는, 이 사실은, 세상을 흔드는 이 역사적 사건은, 싸움이 치열한 영역입니다. 이것이 이 교리가 늘 논란거리가 되고, 기독교 신학 자체가 늘 논란거리가 되는 이유입니다.

개더콜 흥미롭게도 C. S. 루이스는 교리를 변호하고 난 후만큼 영적으로 메마름을 느낄 때가 없다고 항상 말했다고 합니다.

라이트 네, 지난 몇 년 동안의 제 경험을 보아도 십자가에 대해 이야기할 때마다 반복적으로 그랬습니다. 지금도 십자가에 대해 강의할 때 그런 것을 발견합니다. 자, 이제, 말씀하고 싶으신 분 있을까요? 한두 가지 급한 질문 있으시면 장황하지 않고 단순하게 답하겠습니다.

질문 14 라이트 교수님, 바울이 언약과 로마서 2:13과의 관계를 어떻게 이해하는지에 대한 교수님의 해석을 설명해 주실 수 있으신지요? 개더콜 교수님, 만약 라이트 교수님에 동의하시거나 동의하시지 않는다면, 라이트 교수님의 대답이 가지는 함의에 대한 교수님의 생각을 알려 주실 수 있으신지요? 앞서 호튼 교수님과 무 교수님 모두 이 본문을 대강 넘어가셨습니다. 그리고 라이트 교수님과 개더콜 교수님은 웃어 넘기셨죠.

라이트 이건 세부 사항을 많이 논해야 하는 문제입니다. 이곳에 계신 모든 분이 로마서 2장을 머릿속에 떠올릴 수 있을 것 같지는 않아서요. 로마서 2장은 어려운 본문에 속합니다. 로마서 자체가 어려운 책이고 2장은 그 안에서도 어려운 부분 중 하나입니다. 왜냐하면 로마서 2장 전체의 역할 자체가 논란이 되고 있기 때문입니다. 바울은 기본적으로 하나님이 세상을 심판하실 것이라고 말합니다. 율법을 가진 자든 그렇지 않은 자든 상관없이 말입니다. 하지만 2:13에 의하면 율법을 듣는 자가 하나님 앞에서 의로운 것이 아니라 율법을 행하는 자가 의롭다 여김을 받을 것입니다. 이에 대해 사람들은 이렇게 말해 왔습니다. "와, 이것 봐. 바울이 여기서 율법을 행함으로써 의롭다 여김을 받는다고 말하고 있잖아." 이에 대한 대답은 바울은 로마서 2:13에서 **최종적 칭의**에 대해 말하고 있다는 것입니다. 따라서 이것은 **현재적 칭의**를 말하는 로마서 3:21-26과 충돌하지 않습니다. 복음의 요지는 하나님이 마지막에 세상을 바로잡으실 것인데, 이 **미래의** 사건이 예수님의 **현재적** 성취를 통해 결정적으로 시작되었다는 것입니다. 하나님은 시편과 이사야서가 약속하는 바와 같이 세상 전체를 고치실 것입니다. 현재에는 복음을 통해 **하나님이 사람을 바로잡으셔서 그들이 세상을 바로잡는 프로젝트의 일부가 되게 하십니다.** 이 시작된 종말론이 절대적으로 중요합니다. 따라서 바울이 현재에 발생하는 일을 말할 때, 복음의 판결은 단순하게 믿음을 근거로 선언됩니다. 현재에서 '디카이오스'(*dikaios*, 의롭다/정의롭다)라고 선언되는 것입니다. 하지만 이것은 언제나, 빌립보서 1:6과 같이, 마지막 날의 판결을 예견합니다. 바울은 로마서 8장에서 마지막 날의 판결에 대한 질문으로 돌아옵니다. 바울이 로마서 1-4장에서는 칭의를 설명하고 5-8장에서는 다른 이야기를 한다고 생각하는 것은 옳지 않습니다. 로마서 8장에서 그는 **미래**의 판결로 돌아옵니다. 3:21-31이 말하는 **현재**의 판결이 어떻게 마지막 날의 **미래**의 판결에 대한 진정한 예견이 되는지를 설명하기 위해서입니다. 최종적인 판결을 기대하며 사는 자들은 로마서 8:12-17에서 말하는 바와 같이 "빚진 자로되 육신에게 져서 육신대로 살 것이 아닌"데 왜냐하면 그들은 "영으로 인도함을 받"기 때문입니다. 그들은 영광받기 위해 고난을 받는 "하나님의 자녀"인 것입니다.

따라서 로마서 2장의 의미는 더 큰 종말론적인 틀 안에서 드러납니다. 이 장은 이신칭의에 의해 전혀 약화되지 않으며 이것이 이신칭의를 훼손시키지도 않습니다.

개더콜 칼뱅은 그의 주석에서 2:13('율법을 행하는 자가 의롭다 하심을 얻는다')이 3:20('율법의 행위로는 아무도 의롭다 하심을 얻을 수 없다')과 모순된다고 주장하는 자는 초등학생들에게 비웃음당할 만하다고 말합니다. [웃음] 교수님의 설명에 전반적으로 동의합니다. 어떤 사람들은 이것을 가상적인 것으로 여깁니다. 이 주장에 신빙성이 있다는 것은 알겠지만 저는 반대 방향으로 이해합니다. 마지막 날에 사람들은 그들의 행위 **때문에**(because) 의롭다 함을 받지 않습니다. 그들의 행위에 **따라**(in accordance with) 의롭다 함을 받는 것이지 그들의 행위 때문이 아닙니다. 하지만 삶 전체, 즉 라이트 교수님이 말씀하셨듯이 믿음으로 의롭다 함을 받은 자들의 삶의 방향성이 '성령으로 [율법의 행위를, 롬 8:13] 죽이는' 삶이 되는 것입니다. 성령이 중요합니다.

라이트 그것은 성령의 사역입니다. 하지만 바울은 반복해서 말합니다. "내가 모든 사도보다 더 많이 수고하였으나, 내가 한 것이 아니요 오직 나와 함께 하신 하나님의 은혜로라"(고전 15:10). 이것이 성령의 사역의 신기한 점입니다. 우리는 행동해야 합니다. 우리는 가만히 앉아 있는 승객이 아닙니다. 하지만 우리는 우리 안에서, 우리를 통해서 일하시는 성령께 모든 영광과 감사를 돌립니다.

개더콜 우리의 정체성은 우리 바깥에 있습니다. 그렇게 이해해야 합니다. 그리고 분명히 이것은 어떤 종류의 죄 없는 온전함도 의미하지 않습니다. 로마서 2장은 이런 자들을 "영광과 존귀와 썩지 아니함을 구하는 자"(2:7)로 표현합니다.

라이트 네, 저도 개더콜 교수님과 같은 입장입니다. 더글러스 무 교수님 죄송합니다. [웃음]

질문 15 당연하지만 지금까지 십자가와 그리스도의 사역에 대해 많이 이야기했는데요. 저는 예수님의 공생애와 그 목표에 대한 교수님들의 생각을 묻고 싶습니다. 누군가가 예수님의 공생애 사역 일부는 제사로 드려지기 위해 죽임 당하려는 노력이었다고 말한다면 어떻게 답하시겠습니까?

라이트 "죽임당하려는 노력"이요? 물론 예수님의 동기를 이런 식으로 묘사하는 것은 언제나 가능합니다. 하지만 E. P. 샌더스가 『예수운동과 하나님나라』(*Jesus and Judaism*, 한국신학연구소)[1]에서 말했듯이 그렇게 하면 예수님이 "이상하게" 보입니다. 예수님은 "죽임당하려고 노력"한 것이 아닙니다. 그는 하나님 나라를 선포하고 시작하려고 했습니다. 그리고 예수님은 아셨습니다. 예수님은 시편과 이사야서와 다니엘서를 훤히 꿰뚫고 계셨기 때문에 그의 사명 마지막에는 어둠이 가장 강력하게 힘을 발휘할 것이고 그 어둠의 세력 전체를 자신이 온전히 감당할 것임을 아셨습니다. 그렇기에 예수님이 겟세마네 동산에서 괴로워하셨다고 저는 생각합니다. "'페이라스모스'(*peirasmos*, 시험의 시기)에 들지 않게 깨어 있어 기도하라"(막 14:38과 그 후)라고 말씀하신 것도 같은 이유입니다. 이것은 소명에 관한 것입니다. 이 지점에서 예수님을 이해하는 데는 스가랴서도 매우 중요합니다. 물론 예수님의 상황에 적용해서 이해하기에는 스가랴서가 어렵기는 합니다(12:19을 참조하십시오). 이것은 단순하게 예수님의 소명입니다. 물론 이것은 기이한 소명이었기에 예수님이 움츠러들긴 했지만, 그는 순종했습니다. 제 생각에 이것은 명확합니다.

그리고 이 소명은 가장 처음부터 분명했습니다. 마태의 이야기에서 예수님의 소명은 처음부터, 헤롯이 예수님을 죽이려고 했을 때부터 분명했습니다. 마가복음에서도 초반부터 나옵니다(3:6). 헤롯당원과 바리새인이(흔치 않은 조합입니다) 모여 예수님을 죽이려고

---

[1] E. [Edward] P. Sanders, *Jesus and Judaism* (Philadelphia: Fortress Press, 1985), p. 333. 『예수운동과 하나님나라』(한국신학연구소).

논의하는 부분입니다. 이러한 죽음에 대한 암시는 끊이지 않고 계속됩니다. 예수님이 공생애 초기에는 기쁘고 행복하게 사시다가 어느 시점부터 "사실 나는 예루살렘에 가서 죽어야 한다"라고 생각하신 것이 아닙니다. 예수님은 처음부터 하나님 나라를 이루시고 선포하셨으며, 이러한 행동은 언제나 논쟁적이었고 위험했습니다. 그리고 그는 갈등과 위험이 최고조에 도달하는 곳으로 가셨습니다.

개더콜 제가 학생이었을 때 이것을 이해하게 해 준 본문은 예수님과 세례 요한이 보낸 자들이 대화하는 마태복음 11장이었습니다. 여기서 세례 요한은 예수님께 보내는 메시지에 질문을 담습니다. '당신이 오실 자이십니까, 아니면 다른 사람을 기다려야 합니까?' 이에 예수님은 "돌아가서 요한에게 이렇게 말하라. 눈먼 자가 보고, 절름발이가 걷고, 나병 환자가 깨끗함을 받고, 듣지 못하는 자가 듣는다고 말하라"(11:2-6). 하나님 나라의 왕인 메시아가 오심으로, 하나님 나라가 세워지기 시작합니다. 이런 치유 사역은 단순히 예수님이 메시아라는 증거가 아닙니다. 하나님 나라가 도래하고 있고 시작되고 있다는 표지이기도 합니다.

라이트 하나님의 통치의 시작, 맞습니다! 도움이 되셨는지요? 좋습니다, 감사합니다.

질문 16 먼저 두 분과 모든 초청 강사들께 감사를 표합니다. 저는 두 분의 교회적 전통과 배경이 이 주제를 이해하는 데 어떤 영향을 주었는지, 또한 다른 주제들을 일반적으로 이해하는 데 어떤 역할을 했는지 묻고 싶습니다. 저는 성공회 소속인데, 이러한 배경이 예를 들어 누가복음의 끝부분을 이해하는 데 얼마나 영향을 미치는지 압니다. 제자들의 눈이 말씀과 성례전까지는 열리지 않았다는 점 말입니다.

라이트 제가 성가대에서 처음 노래를 불렀을 때가 일곱 살이었습니다. 리피에노 성가대 소속이었고 제가 자란 마을 교구의 교회에서 바흐의 "성 마태의 수난"을 불렀을 때입니다. 그때는 작은 마을도 그런 성가를 불렀습니다. 저는 어렸을 때부터 "성 마태의 수난"과 헨델의 "메시아"에 큰 영향을 받았습니다. 저는 성경을 역사로 혹은 학문이나 다른 형식으로 공부하고자 꿈도 꾸기 전에 많은 위대한 성경의 본문을 음악으로, 제가 **참여할 수 있는** 형태로 만났습니다. 그래서 본문의 의미를 감지할 수 있었습니다. 음악이 그 의미를 말해 주고 있었기 때문입니다. 이때 이후로 본문 자체를 탐구하는 것은 제 평생의 기쁨이 되었습니다. 물론 음악을 제외한 것은 아닙니다. 음악을 즐기기 시작한 것은 찬송가를 통해서입니다. "오 거룩하신 주님"이나 "주 달려 죽은 십자가" 같은 찬송가입니다. 오늘날 제가 염려하는 것 중 하나는 오늘날의 더 생동감 있고 더 활발한 교회에서는 찬송을 전혀 안 부른다는 점입니다. 이것은 정말 문제입니다. 왜냐하면 우리 중 많은 이에게 찬송가는 성경의 의미를 이해하고 적용하는 데 근본적인 역할을 하기 때문입니다.

개더콜 네, 교수님과 다르게 저의 경우는 말씀과 찬송의 중요성을 늦게 깨달았습니다. 저는 못된 어린이 불신자였죠. 제가 기숙 학교에 다니던 시절이 기억납니다. 일요일마다 근처의 성공회 교회에 가야만 했습니다. 예배가 끝날 때 듣는 말이 있는데 정확한 표현은 라이트 교수님이 더 잘 아실 겁니다. '여러분은 이제 하나님의 일을 하도록 산 제사로 보내심을 받습니다'라는 식의 말이었죠. 예배 끝에 이런 말을 듣고 예배당을 나가는 것입니다. 그때 제가 이렇게 생각했던 기억이 납니다. '감사하지만 저는 산 제사가 되고 싶지 않습니다.' [모든 사람이 웃는다.] 하지만 제가 10대에 그리스도인이 되었을 때, 저는 부분적으로는 성경을 읽으면서 또 부분적으로는 교수님이 언급하신 그런 훌륭한 찬송을 들으며 배워 나갔습니다.

라이트 네 맞아요, 많이 배울 수 있습니다. 마지막 질문입니다.

질문 17 어제 첫 번째 주장과 반박 시간에, 개더콜 교수님이 라이트 교수님께 이방인이 어떻게 구원받냐고 물으셨을 때, 교수님은 '십자가 사역을 통해 우상들을 무찌름으로써' 구원받는다고 말씀하신 걸로 기억합니다. 맞습니까? [라이트가 끄덕인다.] 그렇다면 조금 혼란스러운 부분이 있습니다. 왜냐하면 구약성경 내내 많은 이방인이 믿음을 가지고 유대교로 개종하는 경우가 나옵니다. 또한 유대인 주변에 있는 사람 가운데도 많은 수의 하나님-경외자가 있고 이들 중 어느 정도는 유대교로 개종합니다. 또한 구약성경의 내러티브 속에서도 하나님이 이스라엘 주변 국가의 흔한 우상들을 향해 그들의 힘과 그들에 대한 숭배를 비웃으시며 경멸하시는 묘사가 반복적으로 등장합니다. 그래서 궁금합니다. 어떻게 이런 내용들이 우상을 무찌른다는 개념과 어울릴 수 있을까요?

라이트 물론 많은 예외가 존재합니다. 룻이나 라합, 혹은 요나의 설교를 들은 니느웨 사람들도 있습니다. 그런 일들이 일어납니다. 하지만 요지는, 사실상 요한1서에 나와 있듯이 "온 세상이 악한 자 안에 처한 것"입니다(5:19). 여기서 약간의 긴장이 존재합니다. 더 이상 온 세상이 악한 자 안에 처하지 않았다고 말하는 것과 그리스도가 재림하실 때까지는 어느 정도 여전히 그것이 사실이라고 말하는 것 사이의 긴장입니다. 하지만 저는 요한복음 12장으로부터 시작해서 예수님이 '땅에서 들릴 때'(12:31-32) "이 세상의 임금"이 쫓겨난다는 [예수님의] 말을 풀어낼 것입니다. 언급하신 구약성경의 사람들이나 하나님-경외자들은 이 새로운 현실의 전조와 같습니다. 하지만 이들은 항상 일종의 이례적인 경우입니다. 이방인들은 이제 들어올 수 있는데 왜냐하면 이제 약속이 성취되었기 때문입니다. 다윗 언약이 성취된 것입니다. 하나님은 메시아의 승리를 통해 온 세상을 되찾으셨습니다. 우리가 이에 대해서는 앞에서 이야기하지 않았는데 이 모든 것은 아브라함 언약이 시편 2편을 통해 극적으로 확장되었다는 믿음에 근거합니다. 이것이 드러나는 것은 시편 2편에서 하나님이 "내게 구하라. 내가 (단지 한 조각의 영토가 아니라) **이방 나라를** 네 유업으로 주리니, 네 소유가 땅끝까지 이르리로다"(2:8)라고 말씀하실 때입니다. 다시 말하면, 아브라함은 선행적 확증으로서 작은 영토(가나안, 창 17:8)를 받은 것이며, 그렇기에 다른 사람들, 즉 이스라엘에 합류한 이방인들이 들어올 때(혹은 머물 때) 이것은 항상 이례적인 일이었습니다. 하지만 이제는 예수님의 성취로 인해 그 땅 안에 있어야 할 필요가 없습니다. 이제 창조주 하나님이 어디에 있든지 우리와 함께하십니다. 이 말은, 어떤 사건이 일어났고, 그 결과 온 세상이 이제 다른 곳으로 바뀌었다는 뜻입니다. 존재론적 변화가 일어났다는 의미입니다. 물론 모든 이방인이 자동적으로 구원받는 것은 아닙니다. 그렇지 않습니다. 복음이 그들에게 선포되어야 합니다. 하지만 복음이 선포될 때 신비로운 일이 일어납니다. 바울과 다른 사도들과 전도자들이 복음을 선포하면 성령이 말씀 선포를 통해 강력하게 역사하십니다. 어떤 사람은 복음을 싫어하고 돌을 던집니다. 다른 사람은 복음으로 변화되어 완전히 다른 종류의 공동체를 형성합니다. 그렇습니다. 이것은 새로운 종류의 공동체입니다. 기독교 시대 이전 유대 세상에 존재했던, 다양한 빛깔을 잠재적으로 가진 최고의 공동체와도 비교할 수 없습니다. 복음에는 근본적인 새로움이 있습니다. 하지만 그렇다고 과거에 있었던 여러 예외적인 경우가 부인되지 않습니다. 개더콜 교수님도 비슷한 입장이신가요?

개더콜 네, 하지만 이들을 예외적인 경우라고 할 수 있을지 모르겠습니다. 왜냐하면 이스라엘의 하나님을 새로 예배하게 된 룻이나 라합 같은 사람들은 여전히 모압 사람이고 여리고 사람이었습니다. 이스라엘에 충성했지만 이스라엘 사람이 되지는 않았습니다. 이와 비슷하게, 바울의 시대에도 유대교로 개종한 사람들은, 할례를 받는 등 철저하게 모든 과정을 거친 자로서 '개종자들'로 불렸고 이것은 '프로셀리타이'(*prosēlytai*)를 번역한 말입니다(예를 들어, 마 23:15; 행

2:10). 이 단어는 헬라어 구약성경에서 거류하는 이방인들을 가리킵니다(예를 들어, 칠십인역 대상 22:2). 따라서 그들은 거류하는 이방인의 범주에 속했지 꼭 온전한 의미에서의 아브라함의 완전한 자손은 아니었습니다.

라이트 다시 돌아와서 이 대화 전체를 요약하자면, 이 모든 것에서 중요한 점은 이것이라고 생각합니다. 죽은 자 가운데서 부활하신 이의 죽음을 통해 어떤 일이 발생했고, 그 결과로 세상이 근본적으로 달라졌다는 것입니다. 우리 모두 이 점에 대해 기본적으로 동의한다고 생각합니다. 바꿔 말하면, 이것은 단지 가능성을 열어 준 사건이 아닙니다. 이것은 단지 하나님이 사람을 사랑한다는 등의 사실을 보여 주는 또 하나의 계시가 아닙니다. 세상이 변했다는 사실에 관한 것입니다. 이로 인해 우리는 이 변화의 매개자로서 사명을 받은 것입니다. 이해가 되시죠?

심화 연구를 위한
책 소개

❖ 로버트 스튜어트 모음 ❖

신학에서 일차 자료를 읽는 것을 대체할 작업은 없다. 이차 문헌은 어쩔 수 없이 사안을 단순화한다. 이것은 이차 자료에 대한 비판이 아니라 이들의 목적 때문에 초래되는 불가피한 결과를 말하는 것이다. 이 목록에서 제공되는 각 책에 대한 설명도 이 한계에서 예외는 아니다. 나는 이 목록에 포함했으면 유익했을 다른 중요한 책이 없다고 주장하지 않는다. 이 도서 목록은 독자들에게 도움을 주기 위해 작성되었다. 특히 학생과 비전문가를 위한 것이지만 그들에게 국한되지는 않는다. 이 설명들이 유용하기를 소망한다. 대부분의 경우 책의 내용을 요약만 하고 어떤 경우에는 개인적 의견을 제시하기도 한다. 그저 나의 개인적 의견일 뿐이다. "속죄에 대한 고전적 작품들"은 시간 순서대로 열거했다. "다른 자료들"은 저자의 성을 따라 알파벳 순서로 열거했다. 소개할 저자의 책들이 하나 이상인 경우에는 시간 순서대로 열거했다.

속죄에 대한 고전적 작품들

Athanasius of Alexandria. *On the Incarnation*. In *Nicene and Post-Nicene Fathers*. Second Series, vol. 4. Edited by Philip Schaff and Henry Wace. Translated by Archibald Robertson. Buffalo: Christian Literature Publishing Co., 1892. Reprint, Peabody, MA: Hendrickson Publishers, 1994.

속죄의 이유에 대한 이 광범위한 (4세기) 작품은 위로부터의 기독론(Christology from above)과 그리스도 중심주의(Christocentrism)를 나타낸 고전적인 예다. 여기서 아타나시우스는 속죄에 대해 총괄갱신설(Recapitualtion Theory)을 제시한다. 그에 따르면, 그리스도는 아담이 불순종한 지점에서 순종하기 위해 오셨으며, 이것은 아담이 타락시킨 것을 회복하기 위함이다. 회복의 결과는 '테오시스'(*thēosis*, 신성화)다.

Anselm of Canterbury. *Why God Became Man*. In *The Major Works*. Edited by Brian Davies and G. R. Evans. New York: Oxford University Press, 1998. 『인간이 되신 하나님』(한들).

'쿠르 데우스 호모'(*Cur Deus Homo*)가 라틴어 원제목이고 1099년에 쓰였다. 기독교 역사상 처음으로 속죄라는 주제를 자세하게 다룬 책이다. 많은 점에서 이 책은 모든 후속 작품이 꼭 고려해야 할 모범을 제시한다. 이 책이 하나님을 옹졸한 봉건주의 영주로 그린다고 종종 희화화되기는 하지만 실제 이 책의 가장 주요한 관심사는 **공의**(justice)다. 공의는 심판 혹은 만족을 요구한다. 이 책은 또한 하나님이 성육신하신 동기를 설명한다. 기독교 역사에서 속죄에 대한 가장 훌륭한 책으로 꼽힐 만하다.

Abelard, Peter. *Commentary on the Epistle to the Romans*. Translated by Steven Cartwright. Washington, DC: Catholic University of America Press, 2011.

아벨라르(12세기)는 종종 이차 문헌에서 그리스도가 죽은 이유에 대해 도덕적 모범설을 주장한 대표적 이론가로 제시되지만 사실 그 이상이다. 한 명 이상의 현대 신학자가 아벨라르에게 씌워진 이 혐의를 벗겨 주려고 노력했다. 아벨라르는 그리스도가 죽은 **결과**로 신실한 자들이 마음에 감동받아 그의 모범을 따르게 된다고 분명히 생각한다. 하지만 이것이 그리스도가 죽은 **이유**라고 분명하게 가르치는 본문을 찾기가 힘들다. 아벨라르는 안셀무스의 만족설에 반대한다. 그것이 부도덕하다는 이유에서다.

Calvin, John. *Institutes of the Christian Religion*. 2 vols. Translated by Henry Beveridge. London: James Clarke, 1962.『기독교 강요-상』(CH북스). 제2권의 12-17장에 속죄에 대한 칼뱅의 설명이 나온다(16세기). 칼뱅은 루터가 제시한 것보다 더 치밀하게 논증되고 성경적으로 더 많이 뒷받침되는 형태의 형벌 대리를 제시한다. 칼뱅의 견해는 칭의와 그리스도와의 연합(이 둘 모두 믿음으로 얻어진다)에 더 탄탄하게 연결되어 있다.

Socinus, Faustus. *De Jesu Christo Servatore*. In *Bibliotheca Fratrum Polonorum* II. Edited by Andreas Wissowatius. Amsterdam, 1668.
소키누스는 안셀무스의 만족설과 권위 있는 개혁주의자들의 형벌 대리 모두를 강력하고 결연하게 반대했다. 이 책이 제시하는 진지하고 자세한 논증 때문에 그로티우스를 비롯한 다른 이들이 이에 대응하지 않을 수 없었다.

Grotius, Hugo. *A Defence of the Catholic Faith concerning the Satisfaction of Christ, against Faustus Socinus*. Translated by Frank Hugh Foster. Andover, MA: Warren F. Draper, 1889.
이 책은 소키누스가 형벌 대리를 부인한 것에 대한 응답이다. 그로티우스의 입장은 일반적으로 통치설로 불린다. 그로티우스(17세기 초)는 종종 이차 문헌에서 형벌 대리를 부정하는 것으로 묘사된다. 그의 글에는 전가 개념에 대한 단서가 전혀 없기는 하지만, 한 곳 이상에서 그는 형벌 대리를 긍정한다. 독특하게도, 그로티우스는 하나님을 법을 준수해야만 하는 심판자로서가 아니라 법을 제정하거나 느슨하게 할 수 있는 통치자로 묘사한다. 그리스도는 무고하지만 죄를 범하는 죄인들을 대리해 기꺼이 죽는 분이시다. 이것은 하나님의 사랑 때문이지만 하나님의 공의에 모순되지는 않는다. 어떤 이들은 그로티우스가 소키누스에 너무 가까이 기울어서 그가 부인하려고 했던 바를 결국 인정하게 되었다고 생각한다.

Turretin, Francis. *Institutes of Elenctic Theology*. 3 vols. Translated by George Musgrave Giger. Edited by James T. Dennison Jr. Phillipsburg, NJ: P&R, 1992, 1994, 1997.
속죄에 대한 17세기 말 개혁주의 신학의 포괄적인 설명이다. 이 책은 스콜라주의적 형태로 쓰였으며 "그리스도의 중재적 지위"에 관한 질문 14에 속죄에 대한 의미심장한 설명이 나온다. 소키누스와는 대조적으로, 이 책은 하나님의 공의가 필수적이라는 것에 특별히 집중한다. 내가 아는 한, 이 책이 '형벌 대리'라는 용어가 사용된 첫 번째 책이다. 물론 이 개념 자체는 다른 사람들도 확실히 가르쳤던 내용이다. 이 책은 특히 청교도들과 구 프린스턴 신학에 영향을 미쳤다(1812년-1920년대).

Campbell, John McLeod. *The Nature of the Atonement and Its Relation to Remission of Sins and Eternal Life*. London: Macmillan, 1869.
19세기 말에 나온 아주 중요한 책이다. 이 책에서 캠벨은 성육신과 속죄를 밀접하게 연관 짓는다. 또한 그리스도가 죄를 위해 고난당하셨을 뿐 아니라 하나님의 (사랑의) 눈으로 죄와 죄인들을 바라보아서 죄인들을 향한 진정한 슬픔을 느낄 수 있었다는 점을 강조한다. 캠벨이 형벌 대리에서, 최소한 하지(Hodge)의 형벌 대리 이해에서 벗어난다는 점에서 이 책은 중요하다.

Aulen, Gustav. *Christus Victor: An Historical Study of the Three Main Types of the Idea of the Atonement*. Translated by A. G. Herbert. London: SPCK, 1931. 『승리자 그리스도』(정경사).

막대한 영향력을 지닌 책(1930년, 스웨덴)으로 신학자와 역사학자가 속죄를 논하는 방식에 그야말로 충격을 주었다. 역사적인 연구의 형태를 지닌 이 책의 주장은 그리스도의 죽음을 일차적으로 악한 영적 세력들에 대한 승리로 이해하는 것이 교부들의 지배적인 견해였다는 것이다. 이 책의 출판 이래로 이와 비슷한 논지를 표하는 어떤 견해든 보통 **승리자 그리스도** 관점이라고 일컬어진다.

Barth, Karl. *Church Dogmatics*. Vol. IV, *The Doctrine of Reconciliation*. Edinburgh: T&T Clark, 1988. 『교회 교의학 IV』(대한기독교서회).

바르트의 모든 것이 그렇듯이, 이 네 부분으로 구성된 책(1956년-1967년)은 속죄를 솔직담백하게 삼위일체적으로 풀어낸다. 의미심장하게도 성부 하나님은 아들을 보내어 타락한 인류를 구하기 위해 고통을 겪으신다. 또한 바르트의 견해에는 총괄갱신설의 흔적이 깊다. 이 작품은 발타사르(Balthasar), 라너(Rahner), 윙엘(Jüngel), 몰트만(Moltmann), 피데스(Fiddes) 같은 다른 많은 이로 하여금 그의 견해를 발전시키거나 수정하게 했다.

다른 자료들

Atkinson, William P. *The "Spiritual Death" of Jesus: A Pentecostal Investigation*. Boston: Brill, 2009.

앳킨슨의 박사 논문이 책으로 출판된 것으로서 '말씀-믿음'(Word-Faith, 기복신앙을 기반으로 하는 기독교 운동-편집자) 교사들과 텔레비전 전도자들이 가르치는 유명한 개념을 비판한다. 이들은 예수님이 사탄의 본성을 취하여 영적으로 죽으셨다가 지옥에서 다시 태어나셨다고 생각한다. 이 책은 고전적인 오순절주의와 '말씀-믿음' 교리를 구별한다는 점에서 중요하다.

Beilby, James, and Paul R. Eddy, eds. *The Nature of the Atonement: Four Views*. Spectrum Multiview Book. Downers Grove, IL: InterVarsity Academic, 2006. 『속죄의 본질 논쟁』(새물결플러스).

이 책은 속죄에 흥미가 있는 누구든지 꼭 읽어야 한다. 네 개의 입장만을 다루기 때문에 폭이 제한적이기는 하지만, 속죄 교리에 관해 존재했던 주요 입장들을 소개하는 훌륭한 개론서다. 각 견해를 옹호하는 저자들이 요약 진술을 제시하고 이에 대해 다른 세 명이 예의 있는 비판을 제공하는 것이 특히 유익하다. 염려스러운 한 가지는 이 책이 여러 입장을 고르게 선택하지 않은 것 같다는 점이다. 승리자 그리스도와 형벌 대리 모델은 당연히 포함되어야 한다. 만화경 견해도 다소 흔하지 않은 이름이지만 또한 적절해 보인다. 하지만 치유 견해가 만족론 대신 다루어질 만큼 그렇게 중요한가? 하지만 여전히 책값을 지불하고 시간을 투자할 가치가 있다.

Bellinger, William H., and William R. Farmer, eds. *Jesus and the Suffering Servant: Isaiah 53 and Christian Origins*. Harrisburg, PA: Trinity Press, 1998.

속죄에 대한 아주 중요한 구약성경 본문 중 하나에 관해 최고의 학자들이 쓴 에세이를 모은 중요한 책이다. 특별히 중요한 것은 대니얼 베일리(Daniel Bailey)의 두 에세이, "이사야 53장 해석에서의 대리 개념"과 "고난받는 종: 이사야 53장에 대한 최근 튀빙겐 학파의 연구"다. 모나 후커(Morna Hooker)의 글과 마이켈 파슨스(Mikeal Parsons)의 응답도 관심을 끈다. 흥미롭게도 N. T. 라이트의 마무리 글에서 속죄에 대한 그의 초기 생각을 어느 정도 발견할 수 있다.

Boersma, Hans. *Violence, Hospitality, and the Cross: Reappropriating the Atonement Tradition*. Grand Rapids: Baker Academic, 2004. 『십자가, 폭력인가 환대인가』(CLC).
속죄에 관한 여러 주제를 폭넓게 다루는 이 책의 저자는 개혁주의 신학자로서 포스트모던주의자들과[특히 데리다(Derrida)와 지라르(Girard)와, 폭력에 관해] 대화를 나누며 이들의 염려가 정당하지만 이들의 제안은 적절치 않다고 판단한다. 흥미롭게도 부어스마는 승리자 그리스도, 대리, 도덕적 모범설 모두가 어느 정도 타당성을 지님을 인정하며 이 모두를 통합하는 방법으로 총괄갱신설을 제시한다. 흥미롭고 도움이 되는 책이다.

Boyd, Gregory A. *The Crucifixion of the Warrior God: Interpreting the Old Testament's Violent Portraits of God in Light of the Cross*. 2 vols. Minneapolis: Fortress Press, 2017. 『전사 하나님의 십자가에 죽으심』(CLC).
십자가를 비폭력에 대한 부름으로 해석하는 거대한 논증이다. 십자가 형태의 해석학을 주장하며 보이드는 의식적으로 오리게네스를 따라 하나님이 적극적이고 폭력적으로 심판하신다고 말하는 모든 성경 본문이 사실은 하나님이 인간에 맞추어 표현하신 것이라고 (따라서 우화적이라고) 주장한다. 반면 하나님이 물러나심을 통해 심판하시는 기록은 실제적이고 정확한 묘사라고 말한다. 내가 보기에 이러한 자기-긍정적 해석학은 턱없이 불충분하다.

Chalke, Steve, and Alan Mann. *The Lost Message of Jesus*. Grand Rapids Zondervan, 2004.

2003년에 출판된 이 책은 논란을 폭발시켰고, 이에 대해 비판하거나 칭송하는 많은 책, 논문, 그리고 최소한 한 번의 콘퍼런스를 탄생시켰다. 전체적으로 소위 이머징 교회의 관점에서 쓰인 이 책은 예수님이 설교한 복음의 잃어버린 요소들을 회복하는 것이 목적이다. 회복이 될 때도 있고 잘 안될 때도 있다.

Craig, William Lane. *The Atonement*. Elements in the Philosophy of Religion. Cambridge: Cambridge University Press, 2018.

유용하고 작은 이 책은 속죄에 대한 성경적·역사적·철학적 주제를 간결하지만 의미 있는 방식으로 다룬다. 또한 몇몇 역사적 인물에 관해 흔히 가지는 고정 관념들을 교정한다. 어떤 입장을 취하든 이 책을 읽어야 한다.

Crisp, Oliver D., and Fred Sanders, eds. *Locating Atonement: Explorationsin Constructive Dogmatics*. Proceedings of the Los Angeles Theology Conference. Grand Rapids: Zondervan, 2015.

이 책은 여러 학제의 연구자들이 팀을 이루어 쓴 광범위한 에세이 모음집으로서 2015년 로스앤젤레스 신학 콘퍼런스에서 발표된 논문들을 기록한 것이다. 단지 다른 견해에 반대하고 자기 견해를 주장하는 것을 넘어서, 최고의 현대 기독교 학자들이 속죄를 다른 신학적인 개념들과 우리의 현대 문화적 상황과의 관계 속에서 이해하려고 노력한 사례다.

Dever, Mark J., Ligon Duncan III, R. Albert Mohler Jr., and C. J. Mahaney. *Proclaiming a Cross-Centered Theology*. Together for the Gospel.

Wheaton, IL: Crossway, 2009.

2008년 '복음을 위해 다 함께'(Together for the Gospel) 콘퍼런스의 열매인 이 책은 사역자와 흥미를 보이는 평신도를 겨냥한 설교와 강의를 담고 있다. 처음부터 끝까지 이 책은 종교개혁 교리인 형벌 대리적 속죄를 변호한다. 때로는 논쟁적인 말투를 사용한다. 왜냐하면 복음이 위험에 처해 있다는 염려를 저자들이 공유하고 있기 때문이다. 그 이유는 "너무나 많은 복음주의 책과 교회에서 속죄를 잘못 이해하고 잘못 가르치고" 있기 때문이다.

Dodd, C. H. *The Apostolic Preaching and Its Developments*. London: Hodder and Stoughton, 1964.

중요한 책으로서 1936년에 성서학의 거인이 썼다. '유화'(propitiation)라는 용어가 신약성경에서 있을 자리가 없다고 논증한다. '힐라스테리온'(롬 3:25)에 대해 도드가 더 선호하는 번역은 '죄 소멸'(expiation)이다. 이 설명은 형벌 대리에 대한 명백한 부인으로 널리 해석되었다.

Forsyth, P. T. *Positive Preaching and the Modern Mind*. London: Hodder & Stoughton, 1908.

_____. *The Cruciality of the Cross*. 1909. Carlisle, UK: Paternoster, 1997.

_____. *The Work of Christ: Studies in the Sacrifice and Character of Jesus Christ, and the Symbolism of the Cross in Christianity*. 1910. London: Independent Press, 1938.

탁월한 목사이자 설교자가 쓴 이 책들은 한 명의 20세기 초의 사상가가 어떻게 형벌 대리, 성육신, 칼케돈 기독론을 모두 강조하는지를 보여 준다. 이를 통해 저자는 복음주의(형벌 대리), 자유주의(성육신), 그리고 칼케돈 기독론(두 본성)의 개별적 강조점들의 통합을 시도한다.

Frey, Jörg, and Jens Schröter, eds. *Deutungen des Todes Jesu im Neuen Testament*. 2nd, rev. ed. Tübingen: Mohr Siebeck, 2012.

제목(신약성경에서 예수님의 죽음에 대한 해석들)에도 불구하고 이 책은 전문적이면서도 중요한 에세이들을 여럿 담고 있다. 이들은 어떻게 예수님의 죽음이 신약성경에서뿐 아니라 유대교와 고대 그리스-로마 세계에서 이해되었는지를 다룬다.

Gathercole, Simon. *Defending Substitution: An Essay on Atonement in Paul*. Acadia Studies in Bible and Theology. Grand Rapids: Baker Academic, 2015.

작고 훌륭한 이 책은 속죄에서 대리 개념을 반대하는 견해들에 대한 금광과 같은 정보를 제공하며 반대 논증도 공정하게 제시한다. 개더콜은 자신이 궁극적으로 동의하지 않는 입장들이 지니는 좋은 점들을 인정하고, 대리 개념을 지지하며, 이 입장을 뒷받침하는 바울 서신의 부분들을 보여 준다. 하지만 개더콜은 대리와 대표와 해방을 서로 분리할 필요가 없다고 결론 내린다. 또한 그리스도의 죽음이 죄들(sins)을 위해 대가를 지불한 것인지 죄(Sin)를 위해 대가를 지불한 것인지를 구분할 필요가 없다고 주장한다.

Gese, Hartmut. *Essays on Biblical Theology*. Translated by Keith Crim. Eugene, OR: Wipf & Stock, 2012.

기세가 쓴 에세이를 모은 포괄적 책으로서, 속죄에 대한 4부가 특히 흥미롭다. 기세는 이 책에서 그리고 다른 글에서 그리스도가 그저 죄 많은 이스라엘을 대리하신 것이 아니라 제사 동물이 제사로 바쳐질 때와 같은 방식으로 이스라엘을 대리한 것(독일어: Stellvertretung)이라고 주장한다. 이때 제사 동물은 상징적으로 이스라엘을 하나님의 임재로 가져가서 하나님과 화해시키는데 그리스도의 죽음도 똑같은 방식으로 작용한다.

Girard, Rene. *Things Hidden since the Foundation of the World*. Translated by Stephen Bann and Michael Metteer. 1978 in French. Stanford, CA: Stanford University Press, 1987.

_____. *I See Satan Fall Like Lightning*. Translated by James G. Williams. 1999 in French. Maryknoll, NY: Orbis Books, 2001. 『나는 사탄이 번개처럼 떨어지는 것을 본다』(문학과지성사).
흥미롭고 문학적이고 인간론적인 작품으로서 예수님이 사회가 저지르는 '희생양 만들기'를 멈추기 위해 죽으셨다고 주장한다. 그렇기에 십자가는 무고한 자에게 저질러지는 불의의 본보기였다. 지라르는 예수님의 죽음을 우리를 구원하는 하나님에 대한 제사로 보지 않고 제사로부터 우리를 구원하는 수단으로 이해한다. 지라르의 책은, 윙크(Wink)와 보이드의 책과 함께 속죄를 '폭력의 종식'으로 이해하는 모델에 기여한다.

Green, Joel B., and Mark D. Baker. *Recovering the Scandal of the Cross: Atonement in New Testament and Contemporary Contexts*. Downers Grove, IL: IVP Academic, 2000. 『십자가와 구원의 문화적 이해』(죠이선교회).
명료하게 쓰인 책으로 전문가와 비전문가 모두에게 유용하며 관련 성경 본문들에 대한 세심한 탐구와 주요 견해들에 대한 역사적인 조사를 제공해 줄 뿐 아니라 속죄가 페미니스트와 다양한 세계 문화의 관점에서 이해되는 방식들을 알려 준다. 어떤 이들은 이 책을 형벌 속죄론을 약화하려는 시도로 이해한다.

Grensted, Laurence W. *A Short History of the Doctrine of the Atonement*. London: Longmans, Green & Co., 1920.

속죄 교리의 역사에 대한 좀 더 오래된 연구다. 이 책은 특별히 이 교리에 대한 초기 교회의 이해에 상당히 주의를 기울인다. 본문에 나오는 영어 번역을 각주에서 그에 해당하는 원어로 표기해 주어서 좋다.

Gunton, Colin E. The *Actuality of Atonement: A Study of Metaphor, Rationality, and the Christian Tradition*. Grand Rapids: Wm. B. Eerdmans Publishing Co., 1989.

비유와 속죄에 대한 중요한 전문서다. 건턴은 우리가 참되고 실제적인 것을 표현하기 위해 비유를 사용한다고 생각한다. 그는 속죄에 관한 서너 명의 중요한 역사적 인물들의 저작을 평가하며 십자가에 대한 어떤 한 해석도 십자가가 나타내는 모든 것을 충실히 담을 수 없다고 주장한다. 그리고 속죄를 이해하는 것은 속죄를 살아낼 것을 요구한다고 결론 내린다. 신학 초심자를 위한 책은 아니다.

Jeffery, Steve, Michael Ovey, and Andrew Sach. *Pierced for Our Transgressions: Rediscovering the Glory of Penal Substitution*. Wheaton, IL: Crossway, 2007.

형벌 대리적 속죄에 대한 체계적인 논증이다. 저자들은 자신들의 견해에 반대하는 자들에 대한 반동적 비판 제시를 넘어서서 (물론 논리적으로 어느 정도 그런 요소가 있다) 적극적으로 자신들의 입장에 대한 역사적·성경/주해적·신학적·문화적 논증을 제공한다.

Johnson, Adam, ed. *T&T Clark Companion to Atonement.* London: Bloomsbury Publishing, 2017.
속죄에 관련된 백 가지 이상의 주제를 다루는 소논문들을 대규모로 모은 책이다. 대부분 읽을 만하다. 몇몇 예외가 있지만 이 소논문들은 대부분 속죄 연구에서 중요한 신학적인 주제들과 역사적인 인물들에 초점을 둔다. 주해적인 세부사항은 다른 데서 찾아야 한다. 조금 비싸지만 상당히 유용하다. 특히 신학자들과 역사가들에게 그렇다.

McKnight, Scot. *A Community Called Atonement.* Nashville: Abingdon Press, 2007.
폭넓고 흥미로운 책으로서 많은 주제를 언급하며 예수님이 죽은 목적을 충분히 표현하기 위해서는 여러 비유가 필요하다는 점을 인식한다. 예수님이 죄 많은 인간들과 동일시되셔서 그들을 위해, 그들과 함께, 그들 대신 죽으셨다는 것이 중심 생각이다. 동일시는 그리스도 안으로의 결합에 이르게 하고, 이를 통해 하나님과의, 그리고 서로 간의 관계 회복에 도달하게 하여 하나님의 형상을 회복하게 한다. 맥나이트는 속죄를 구원론에서 교회론으로 효과적으로 이동시킨다.

Moltmann, Jürgen. *The Crucified God.* London: SCM Press, 1974. 『십자가에 달리신 하나님』(대한기독교서회).
거의 신정론을 다루는 책으로 여기서 몰트만은 범신론적인 삼위일체적 속죄론을 제시한다. 이 속죄론에 의하면 속죄는 하나님이 아들로서 또한 아버지로서 겪으시는 고통을 계시하는 목적을 이룬다. 그리고 하나님의 고통을 통해 세상이 변화된다. 그 결과 십자가는 하나님의 종말론적 미래가 시작되는 순간이 되며 믿음은 (삼위일체가 아닌) 유일신론과 무신론에서부터 보호된다. 이 책 내내 사회적 해방이라는 주제가 다뤄지고 불변하시고 무감각하신 하나님은 거부된다.

Morris, Leon. *The Apostolic Preaching of the Cross.* London: Tyndale Press, 1955.

모리스의 박사 논문에 근거한 이 책은 전반적으로 도드에 대한 반응으로 여겨진다. 모리스는 서너 개의 성경적이고 신학적인 주제를 세심한 헬라어 연구를 통해 분석한다. 그는 '구속' '언약' '피' '하나님의 양' '유화' '화해' '칭의'의 주제를 각각 다른 장에서 다룬다. 모리스는 '유화'와 '칭의'에 각 두 장씩 할애한다. '유화'를 다룬 두 장에서 그는 자주 도드의 입장에 도전한다.

Pinnock, Clark H., and Robert C. Brow. *Unbounded Love: A Good News Theology for the 21st Century.* Downers Grove, IL: InterVarsity Press, 1994.

이 책은 피녹의 열린 신론 연구의 연속으로서 기독교 조직신학을 사랑이라는 주제를 중심으로 재구성하려는 시도다. 모든 장에는 부제가 있는데 '사랑'이라는 단어와 그것을 수식하는 형용사로 이루어져 있다. 속죄에 대한 장에서 피녹과 브로우는 주관적 속죄를 제시한다. 예수님은 하나님을 향한 우리의 태도를 바꾸시려고 죽은 것이다.

Pugh, Ben. *Atonement Theories: A Way through the Maze.* Eugene, OR: Cascade Books, 2014.

작고 아주 유용한 책으로서 영국 매터시 홀에서 푸가 가르쳤던 단기 과정 과목에서 발전된 것이다. 신학적이고 역사적인 내용이 풍부한 이 책은 서너 명의 인물을 다루는데, 특별히 개론서에 보통 포함되지 않는 오순절 신학자들을 다룬다. 주류 신학자들은 오순절주의자들이 긍정적으로나 부정적으로 속죄 신학에 영향을 준 점을 간과함으로써 근시안적인 관점을 취한다. 이런 종류의 책 중 가장 근간이다. 이 책은 탁월한 자원이다.

Ray, Darby Kathleen. *Deceiving the Devil: Atonement, Abuse, and Ransom*. Cleveland: Pilgrim Press, 1998.

레이는 새로 조정되고 탈신화화된 승리자 그리스도 이론을 주장하는데, 페미니스트 관점과 해방주의자 관점을 진지하게 다룬다. 페미니스트 관점을 나타내는 유용한 책으로서, 폭력 앞에서 보이는 다른 형태의 수동성처럼 십자가에 대한 전통적인 관점이 여성에 대한 폭력을 암묵적으로 허용한다고 상정한다.

Rutledge, Fleming. *The Crucifixion: Understanding the Death of Christ*. Grand Rapids: Wm. B. Eerdmans Publishing Co., 2017. 『예수와 십자가 처형』(새물결플러스).

거대하지만 고상하게 쓰인 책으로서 예수님이 십자가에서 죽으신 일차 목적이 죄, 사망, 그리고 율법의 세력을 무찌르기 위한 것이라고 주장한다. 개별적 죄의 중요성을 부인하지 않지만 초점은 죄(Sin), 즉 하나님이 이 세상에서 하시는 일을 망치고 무효화하는 능동적이고 악의적인 존재에 있다. 형벌 대리적 속죄는 완전히 부인되거나 경시된다. 만인구원론은 최소한으로 암시되어 있다. 예수님의 사명의 핵심은 묵시적 구출이다.

Simpson, A. B. *The Gospel of Healing*. New York: Christian Alliance Press, [1880].

속죄에 육체적 치유가 포함되어 있다고 주장하는 고전적인 책이다. 병은 창조의 일부가 아니라 타락의 결과다. 따라서 병에는 영적 원인이 있으며 그래서 영적 치유가 필요하다. 그러므로 건강은 용서와 의만큼이나 신실한 자에게는 영적 권리에 속한다. 주목할 점은 심슨이 '말씀-믿음'의 긍정적 고백을 옹호하지 않고 확장된 형벌 대리 입장을 지지한다는 것이다.

Stott, John R. W. *The Cross of Christ*. Downers Grove, IL: InterVarsity Press, 1986. 『그리스도의 십자가』(IVP).

형벌 대리를 탄탄하게 변호하며 기독론의 더 포괄적인 주제와 고난의 문제를 다룬다. 스토트는 하나님이 온전히 사랑하시며 온전히 일관적인 분이라고 주장한다. 안셀무스처럼 말하는 지점들이 있다. 스토트는 대리의 근거를 삼위일체 신학에서 찾으며, 하나님의 자기만족이 하나님의 사랑하심과 공의로운 본질과 일치해야 할 필요에서 근거를 발견한다.

Tidball, Derek, David Hilborn, and Justin Thacker, eds. *The Atonement Debate: Papers from the London Symposium on the Theology of Atonement*. Grand Rapids: Zondervan, 2008.

이 책은 『예수의 잃어버린 메시지』(*The Lost Message of Jesus*)를 다루는 콘퍼런스에서 발표된 논문들을 담고 있다. 이 콘퍼런스의 화려한 발표진 몇몇의 이름을 말하면, 하워드 마셜(Howard Marshall), 조엘 그린(Joel Green), 올리버 크리스프(Oliver Crisp), 스티븐 홈스(Stephen Holmes)다. 의미심장하게 스티브 초크도 포함되었다.

Wink, Walter. *Naming the Powers: The Language of Power in the New Testament*. Philadelphia: Fortress Press, 1984.

_____. *Unmasking the Powers: The Invisible Forces That Determine Human Existence*. Philadelphia: Fortress Press, 1986.『사탄의 가면을 벗겨라』(한국기독교연구소).

_____. *Engaging the Powers: Discernment and Resistance in a World of Domination*. Minneapolis: Fortress Press, 1992.『사탄의 체제와 예수의 비폭력』(한국기독교연구소).

이 3부작은 바울이 말하는 통치자와 권세자를 일차적으로 인간의 체제로 해석한다. 인간의 체제는 폭력과 재정적 조작으로 탄압을 가한다. 십자가는 이러한 체제들의 실체를 드러내고 그들의 권세를 박탈한다. 그러므로 십자가는 하나님의 통치를 맞아들이거나, 최소한 하나님의 통치를 위해 세상을 준비시킨다. 이것은 개인적이고 집단적인 수준에서 존재하는 모든 형태의 폭력을 제거하는 것이다.

Wright, N. T. *The Day the Revolution Began: Reconsidering the Meaning of Jesus's Crucifixion*. San Francisco: HarperOne, 2016.『혁명이 시작된 날』(비아토르).

이 책으로 열네 번째 그리어-허드 주장과 반박 포럼이 개최되었고 그 포럼이 현재 이 책에 기록되었다. 라이트는 십자가가 세상을 근본적으로 바꾼 사건이라는 사실에 집중한다. 그는 하나님이 단지 개개인을 천국에 보내기 위해서가 아니라 세상을 바로잡기 위해서 이스라엘을 포로 상태에서 구하신다는 커다란 그림의 성경 내러티브 속에 십자가를 위치시킨다. 이것이 이루어지기 위해서는 죄가 다루어져야 하고 패배해야 한다. 여기서 죄는 단지 도덕적 규범을 어기는 개개인의 행동만을 가리키는 것이 아니라 소명의 실패, 즉 피조 세계를 위한 하나님의 계획에서 역할을 감당하기를 거부하는 죄를 포함한다. 라이트는 형벌 대리를 지지하지만 묵시적-구출 타입의 승리자 그리스도 모델과 연결시킨다. 몇몇 사람들이 이 책이 형벌 대리를 부정한다고 강하게 반대했지만 라이트는 이 주장을 강경하게 부정한다.

인물 및 주제 찾아보기

고난/고통 93-94, 99, 118, 120, 152, 175, 178
고난받는 종 75, 77, 79, 131-132, 168
교리 28-29, 109, 150, 168
   삼위일체 35. 삼위일체도 보라.
   속죄 32, 37, 43-45, 168, 171, 174
   역사 37
   창조 56
   하나님의 진노 65. 하나님의 진노도 보라.
   휴대용 이야기로서의 50
교부 30, 36, 125, 132, 167
구원 25, 29, 54, 64, 70, 76-77, 98, 104-105, 114, 142
   이미와 아직으로서의 42
구출(deliverance) 40, 84, 177, 180
그리스도의 사역 25, 36, 153. 그리스도의 십자가도 보라.
그리스도의 십자가 27, 30, 32-34, 42-44, 54, 56-57, 65-69, 120, 149, 157, 169, 173-179
   거리끼는 것으로서의 66
   대표적 대리로서의 58. 속죄도 보라.
   승리로서의 43, 58. 승리도 보라.
   역사의 중심으로서의 148
   우상들을 무찌르는 157
   의 의미 66, 144
긍휼 39, 81, 94-95, 125, 134

(하나님) 나라 41, 54, 56, 62, 98, 117, 131-132, 154-155
나지안조스, 그레고리오스(Gregory Nazianzus) 133
내러티브 52-53, 56-58, 64, 86, 116, 179

성경의 56, 66, 85, 157
역사적 53, 149
이교도 64
능력/세력/힘/권력/권능(power) 31, 43, 56, 68, 91, 98, 179
부활의 64
성령의 34
어둠의 56, 58, 63, 73, 83-84, 86, 91, 100, 131, 167, 177, 179
우상의 82, 92, 110, 157
이야기의 21

대리(substitution) 39, 57-58, 63, 66, 71-81, 87-89, 118, 125. 속죄, 형벌 대리도 보라.
   세네카 작품 속 80
   알케스티스 작품 속 79, 87
대표 57, 71, 81, 112, 172
데살로니가후서 124

레위기 59, 75
루이스, C. S.(Lewis) 65, 88, 130, 150
루터, 마르틴(Martin Luther) 30-31, 34n13, 51, 122, 165

마르키온주의(Marcionism) 117
만족 31, 164-165, 168, 178. 안셀무스도 보라.

(속죄의) 모델들 29, 43, 55-57, 63, 66, 86, 168, 173, 180. 속죄, 속죄론도 보라.
주의를 산만하게 하는 55
묵시적 54, 177, 180

바르트, 칼(Karl Barth) 122, 167
바울에 대한 새 관점 113, 122
베드로전서 145
복음 34-35, 38, 52, 54, 58, 71, 115, 117, 131-132, 145. 성경도 보라.
   수난 내러티브의 52. 내러티브도 보라.
   일차 증언으로서 52
부활 27, 42, 56, 60, 63, 74, 97, 99, 120, 142
불트만, 루돌프(Rudolf Bultmann) 53, 149

(하나님의) 사랑 32-33, 45-46, 57, 66-67, 78, 80-81, 96-97, 101, 134, 146, 160, 166, 176, 178
   도덕적 본보기로서의 56-57. 그리스도의 십자가도 보라.
삼위일체 35, 66, 101, 111-112, 167, 175-176, 178. 교리도 보라.
새 창조 43, 56, 85, 97
성령 25, 34-35. 영도 보라.

성찬식(Eucharist) 35-36, 45. 주의 만찬도 보라.
세계관 20-30, 38n17
  본질적으로 종교적인 20-21
  윤리적 길잡이으로서 27-28
  전인지적(precognitive) 30. 전제도 보라.
소명 63-64, 95, 98-100, 102, 109-110, 114, 120, 123, 147, 154, 180
속량/대속물(ransom) 30, 52, 98, 135. 속죄도 보라.
속죄(atonement) 29-30, 34-35, 38, 43, 55, 63
  의 날(대 속죄일) 54
  의 의미 47, 52-53, 57-58, 62, 66, 71, 74, 115, 143
  의 핵심적인 면 71
  하나님과의 화해로서 68, 92, 145, 176
  해방으로서 70-71. 해방도 보라.
속죄론 37. 속죄, (속죄의) 모델들도 보라.
승리 41, 43, 56, 60, 93-94, 99, 120, 132, 148, 158
  어둠의 세력에 대한 58, 83-85, 132, 167
승리자 그리스도(*Christus Victor*) 57, 66, 167-169, 177, 180

신비 44, 159
아가멤논(Agamemnon) 87, 88
아벨라르(Abelard) 30, 46n23, 164
아타나시우스(Athanasius) 30, 51, 163
악(evil) 64, 69, 74, 83, 91, 102, 132, 158, 167
  존재적 결여로서 91
안셀무스(Anselm) 30, 31n9, 60-61, 164-165, 178. 만족도 보라.
알케스티스(Alcestis) 79, 87. 대리도 보라.
'어쨌든 성육신했을 것'에 관한 논증 113
에피쿠로스주의 129, 137-138
영(성령, Spirit) 25, 34, 57, 99, 102, 120, 152-153, 159. 성령도 보라.
요한계시록 124
(죄) 용서 43, 54, 56, 64, 70, 73, 77, 82, 84, 86, 96, 100, 127, 178
  우상으로부터 해방으로서 84
우상숭배 56-57, 60, 82, 84, 91-92, 102, 110-111, 130, 157
  용서를 통해 다루어진 84
  죄의 핵심으로서 57, 110
패배 157
웹스터, 존(John Webster) 141
유대교 157, 159, 172

유월절 (식사) 40-42, 54, 60, 62, 127
유화(propitiation) 88, 89, 171, 176
은유 34, 43-44
이스라엘 40, 42, 54, 56, 59, 61, 67, 74-77, 83, 93-94, 102-105, 110, 117, 122, 131, 157-159, 172-173
    세상의 대표로서 83
    의 소명 98
    의 죄 93, 127
    포로 상태의 60, 103, 179

전제 30-31, 53-54
제물/제사/희생 59-60, 65n7, 72, 87-88, 94-95, 126-127, 143, 153, 157, 173
종말론 25, 41, 43, 63, 136, 151-152, 176
죄 29, 40-43, 56-58, 63, 73, 75
    소명의 실패로서 102
    죄(Sin)와 죄들(sins)의 차이 43, 73, 90, 177
    타락으로서 91
    해로운 환경으로서 41
주의 만찬(Lord's Supper) 27, 34-36, 38-45
    그리스도의 승리를 가리키는 것으로서 41
    속죄의 상징으로서의 35

언약적 긍휼을 포함하는 것으로서 39
지옥 123, 128-130, 168
진리/진실 21, 31-32, 35, 50, 81, 133

참여 156
총괄갱신(recapitulation, 속죄 이론) 30, 163, 167, 169. 속죄도 보라.
칭의 130, 151-152, 165, 176

칼뱅, 장(John Calvin) 30-31, 45n22, 61, 152, 165
케제만, 에른스트(Ernst Käsemann) 53

포로기/유배 54, 56, 60, 131
    이스라엘 54, 60, 103, 115-117, 127, 131, 179
폭력 94, 169, 173, 177, 179
플라톤(Plato) 63-64, 100, 137-138
플루타르코스(Plutarch) 64, 142
피 59, 80, 94, 126
    그리스도의 39-40, 42, 46, 98, 176

하나님의 진노 40, 61, 64, 94, 130
해방 70-71, 81, 172, 176-177. 속죄도 보라.
    이방인 용서의 뿌리로서 84. (죄)

용서도 보라.
　인간을 종으로 삼아 붙드는 세력으
　　로부터 83
해석 63, 143, 150, 168, 172
　성경 22, 32
　십자가 174
형벌 대리 40, 89, 121, 165-166, 168,
　171, 174-178, 180. 속죄, 대속도

보라.
(하나님의) 형상 61, 96, 99, 102, 119,
　143, 175
　을 지닌 자로서의 인간 98-99,
　　123-124, 146
힐라스테리온(*hilastērion*) 61, 72, 90,
　93-95, 171

성경 찾아보기

창세기
1장 64, 101-102, 110,
　　 133, 135, 145-146
2장 64, 74, 101-102,
　　 110, 133, 135, 146
3장 64, 102, 110
17장 158

출애굽기
11-12장 40
19장 52
40장 126

레위기
16장 125-126

신명기
24-28장 122
28장 74
32장 122

열왕기상
16장 75

역대상
22장 160

시편
2편 85, 99, 158
8편 85, 99, 120, 144
106편 61
110편 85

이사야
6장 104
40장 94, 116
49장 114
52장 54, 58, 127, 131
53장 53-54, 58, 75-78,
　　 127, 131, 168. 고난
　　 받는 종도 보라.
54-55장 131
65장 104

에스겔
8장 61
33-34장 69-70

다니엘
2장 131

7장 85, 117, 131-132
9장 117, 131

스가랴
12장 154

말라기
3장 116

마태복음
1장 60
6장 42
11장 132, 155
23장 159
26장 38

마가복음
1장 117, 132
3장 154
4장 103
7장 117
10장 52-53, 71
14장 38-39, 143, 154

누가복음
19장 144
22장 38-39, 53

요한복음
1장 97
2장 62
3장 96-97, 145
7-9장 104
12장 82-83, 144, 158
13장 66
21장 97

사도행전
2장 34, 159
27장 119

로마서
1장 61, 110, 113
2장 121-122, 124, 150-153
3장 60-62, 72, 90, 93-95, 113, 127, 151
4장 77
5장 61-62, 78-81, 121, 130
7장 92
8장 43, 61, 89-90, 99, 101, 118-120, 127-128, 147-148, 151-153
9-11장 103-104

10장 113
11장 124-125
15장 81-82, 136

고린도전서
1장 68
2장 86
11장 35, 38-39, 41
15장 33, 50, 54, 73-78, 84-86, 93, 96-97, 99, 121, 148, 153

고린도후서
2-6장 114-115
5장 36, 113-114

갈라디아서
1장 77, 83-84, 148
2장 66
3장 121

빌립보서
1장 151
3장 120

골로새서
1장 92
2장 86, 92

데살로니가전서
1장 130

히브리서
10장 126

요한1서
5장 88

요한계시록
1장 100, 147
4장 135
5장 97-98, 100, 147
20장 100
21장 59, 135
22장 135

마카베오하
7-8장 93-94

마카베오4서
17장 94-95

옮긴이 해설

이 흥미로운 책은 그리어-허드 포럼에서 속죄라는 주제로 진행된 N. T. 라이트와 사이먼 개더콜의 발제와 토론, 그리고 청중의 질의응답을 그대로 담고 있다. 그렇기에 책을 읽으면 포럼 현장에 와 있는 것 같은 생동감을 느낄 수 있다. 하지만 생동감뿐 아니라 깨달음의 즐거움까지 함께 느끼려면 속죄라는 주제와 두 학자의 관점을 간략하게나마 미리 아는 것이 좋다. 아울러 책에 추가된 로버트 스튜어트의 서문이 나머지 부분과 어떻게 연결되는지도 알면 좋을 것이다.

속죄의 개요

속죄의 가장 기본적인 의미는 죄의 문제를 해결하는 것이다. 예수님의 죽음으로 속죄를 이루었다는 뜻은 그의 죽음으로 죄의 문제가 해결되었다는 것이다. 하지만 이 기본 의미에서 파생하는 다음 세 질문에 어떻게 답하느냐에 따라 속죄 이해는 달라진다. (1) 죄는 무엇이고 어떤 문제를 초래하는가? (2) 예수님의 죽음이 이 문제를 어떻게 해결하는가? (3) 예수님이 죄의 문제를 해결한 것은 어떤 결과를 낳는가? 교회사의 여러 시점에서 등장한 속죄 모델들은 주로 이 세 질문에 기반한다. 여러 모델 중 라이트와 개더콜의 논의에서 주로 등장하는 두 모델은 '형벌 대리적 속죄론'과 '승리자 그리스도론'이다.

종교개혁자들이 강조한 '형벌 대리적 속죄론'에 의하면 죄는 하나님의 명령과 뜻에 대한 불순종이며, 하나님의 정의로운 진노를 초래한다. 예수님은 죄를 지은 자들에게 임해야 할 하나님의 정의로운 진노를 십자가에서 대신 받으심으로 죄의 문제를 해결하셨다. 그 결과 그들은 진노로 멸망당하지 않아도 되며 하나님과 화해된다. 초기 교회부터 12세기까지 성행했던 '승리자 그리스도론'에 의하면, 죄는 불순종이기보다는 그 행위를 저지르게 만드는 강한 세력이다. 따라서 이 죄의 세력이 초래하는 문제는 사망과 사탄과 함께 인류를 속박시켜 타락과 멸망에 이르게 하는 것이다. 예수님은 십자가 죽음을 통해 이 세력들을 물리치고 승리하심으로 죄의 문제를 해결하셨다. 그 결과 인류는 이 악한 세력들의 속박에서 자유롭게 되어 멸망당하지 않고 하나님을 섬기며 살 수 있게 된다. 이 두 모델을 계승하거나 연구한 현대 학자들에 의하면, 형벌 대리적 속죄론은 예수님의 죽음의 대리적 성격과 우리와 예수님 사이의 비대칭성을 강조한다. 죄에 대한 형벌로 죽어야 하는 우리를 대리하여 (대리성) 예수님이 죽으셨기 때문에 우리는 죽지 않아도 된다. 예수님의 죽음이 우리에게 생명이 되는 것이다(비대칭성). 이와 대조적으로, 승리자 그리스도론은 예수님의 죽음의 대표적 성격과 우리와 예수님 사이의 대칭성을 강조한다. 즉, 죄와 악의 세력에 속박당하는 우리의 자리에 우리를 포괄하는 대표자(대표성)인 예수님이 오셔서 악의 세력들을 물리치셨기 때문에 그의 승리가 곧 우리의 승리가 되는 것이다(대칭성).

라이트와 개더콜은 여러 속죄 모델에 크게 두 가지 점에서 동의한다. 첫째, 이 모델들은 모델을 고안한 신학자들의 배경과 상황에 영향을 받았다. 따라서 우리는 맥락을 함께 봐야 하며, 이 모델들의 궁극적인 정당성을 성경에 근거해서 판단해야 한다(이 점에는 많은 신약학자가 동의한다). 둘째, 속죄에 관련된 성경 본문들은 특정 속죄 모델만을 배타적으로 지지하지 않고 여러 모델의 통합을 요구한다(이 점에 대해서는 반대하는 신약학자가 많다). 그렇다면 라이트와 개더콜의 차이점은 무엇인가? 기본적으로 이들은 성경을 근거로 이 여러 모델을 통합하는 방식에서 차이를 보인다. 개더콜은 속죄와 관련된 성경 구절들에 집중하는 반면, 라이트는 성경 전체를 관통하는 하나의 거대한 이야기를 강조하며 그 맥락 속에서 속죄에 관한 구절들을 해석해야 한다고 주장한다. 또한 개더콜은 형벌 대리적 속죄 모델을 중심으로 통합을 모색하는 반면, 라이트는 승리자 그리스도론 모델을 통한 통합을 제시한다.[1] 두 학자의 비슷하지만 다른 속죄론은 '시작 발제'에서 그 구체적인 모습을 드러낸다.

---

1 ─── 이 말은 라이트와 개더콜이 성경을 해석한 결과, 이 모델들이 중심이 되었다는 뜻이다. 이 속죄 모델들에 의존해서 성경을 해석했다는 뜻이 아니다.

로버트 스튜어트의 서문

발제를 시작하기 앞서 로버트 스튜어트의 서문이 나온다. 이 서문은 포럼의 일부가 아니라 책을 위해 따로 작성된 글이다. 내용을 보면 한편으로는 라이트와 개더콜의 관점 모두에 대한 서문인 듯하지만, 다른 한편으로는 라이트의 속죄론에 대한 서문이기도 하다.

스튜어트의 글이 속죄라는 주제에서 한 걸음 물러나 신학함 자체에 대한 방법론을 다룬다는 점은 이 책의 서문으로서 적절하다. 하지만 스튜어트가 소개하는 신학 방법론의 내용이 라이트의 생각을 그대로 반영한다는 점과 그 방법론으로 속죄라는 주제에 접근해야 한다는 스튜어트의 주장은 라이트의 속죄론을 소개하기 위한 서문에 가까워 보인다.

그렇다면 스튜어트가 소개하는 신학함은 무엇일까? 스튜어트에게 있어서 신학을 한다는 것은 세계관을 형성하는 것이다. 세계관은 인식의 대상이 아니라 인식을 가능하게 하는 '렌즈'로서 모든 이가 이 렌즈를 끼고 세상을 바라본다. 세계관이라는 렌즈의 중요한 특징은 인생과 역사를 이야기로 이해하게 한다는 점이다. 우리는 이 이야기의 틀 안에서 문학과 역사를 해석하고, 언어와 각종 상징에 의미를 부여하며, 삶의 윤리적 기준을 발견한다. 신학을 한다는 것은 우리가 이미 가지고 있는 세계관을 성경의 세계관으로 바꾸어 성경의 이야기가 우리의 이야기가 되게 하는 것이다. 스튜어트는 이렇게 성경의 이야기가 우리의 이야기가 되게 하는 맥락에서 속죄를 다루어야 한다고 주장한다. 즉 속죄를 올바로 이해하는 방법은 교회사에서 제시되었던 여러 속죄의 모델 중에서 상대적으로 더 나은 모델을 고르는 것이 아니라, 성경의 이야기 속에서 속죄의 의미를 먼저 살펴보고 그 의미와 맥락을 이루는 성경의 이야기까지 함께 받아들여 우리의 세계관 이야기를 형성하게 하는 것이다. 이렇게 성경 전체 이야기의 맥락에서 떠오르는 속죄의 의미에 집중할 때 우리는 기존의 속죄 모델들을 비판적으로 수용하고 통합할 수 있으며, 이 모델들이 얼마나 성경 이야기에 부합하는지, 그리고 이를 고안한 신학자들의 배경과 상황에 얼마나 영향을 받았는지를 분별할 수 있다.

속죄의 의미를 이해할 때 성경의 이야기가 제공하는 열쇠는 무엇인가? 여러 가지가 있겠지만 스튜어트는 주의 만찬을 강조한다. 그의 주장의 골자는 이렇다. 예수님은 십자가에서 돌아가시기 전날 밤, 제자들과의 유월절 식사에서 떡과 포도주를 자신의 몸과 새 언약의 피라고 칭하시며 나눠 주셨다. 이것은 예수님의 죽음이 새 출애굽을 이루어 새 언약 백성을 만들어 내는 사건임을 의미한다. 첫 출애굽을 일으킨 유월절 어린양의 죽음을 유월절 식사로 기념하는 것처럼, 새 출애굽을 일으킨 예수님의 죽음을 주의 만찬으로 기념하는 것이다. 첫 출애굽 당시의 문제는 이집트의 압제였지만 새 출애굽에서 문제는 죄였기 때문에, 예수님의 죽음은 죄로부터 새 출애굽을 이룬 것이며 그런 의미에서 '속죄' 사건이다. 예수님의 '새 출애굽 속죄 사건'은 성경 이야기의 절정이며 중심이다. 성경 이야기에 따르면 창조주 하나님이 세상을 자신의 나라로 만들기 위해 이스라엘과 언약을 맺으시고, 그들을 출애굽시켜 자신의 백성으로 세우셨고, 이스라엘이 타락하여 포로로 잡혀간 후에도 그들을 새로 출애굽시켜 자신의 백성으로 회복하시겠다고 약속했다. 예수님의 죽음이 바로 이 약속을 성취한 새 출애굽 속죄 사건이 된다. 이 사건은 성경의 이야기를 절정에 이르게 하고 그 이야기가 완성을 향해 나아가도록 한다.

N. T. 라이트의 입장

스튜어트의 서문은 라이트의 관점과 잘 연결된다. 라이트의 시작 발제, 개더콜과의 토론, 그리고 청중과의 질의응답에서 구체적으로 드러나는 라이트의 속죄론을 요약하기 위해 다음의 두 질문에 답하는 방식을 취하고자 한다. 첫째, 라이트는 자신이 속죄를 이해하는 데 있어서 필수적이라고 여기는 성경 전체의 이야기를 어떻게 해석하는가? 둘째, 라이트는 이 이야기를 중심으로 앞서 소개한 속죄 이해에 관한 세 질문(죄의 문제가 무엇이며, 예수님의 죽음이 이 문제를 어떻게 해결하셨고, 그 결과가 무엇인가)에 어떻게 답하는가?

먼저 라이트에 따르면, 성경은 하나님이 세상을 창조할 때 시작하신 프로젝트에 관한 이야기다. 이 프로젝트는 하나님이 세상을 만들어 그 안에 거하시고 다스리심으로 세상에 자신의 임재와 통치가 가득하게 만드시는 것이다. 여기서 중요한 점은 하나님이 홀로 이 프로젝트를 이루시지 않고 자신의 형상을 지닌 인간을 만들어 자신의 임재 안에 두고 그들에게 '제사장-왕'의 역할을 부여하셔서 그들을 통해 이 프로젝트를 이루고자 계획하셨다는 것이다. 따라서 하나님의 형상을 구현하는 것은 창조 프로젝트를 성취하는 '제사장-왕'으로서의 소명을 인식하여 이 소명에 합당하게 하나님의 임재 안에서 그분을 예배하며, 하나님의 통치를 세상에 실현하는 것이다. 이것이 참된 인간성을 구현하는 방법이다. 하나님의 도덕적 질서에 부합해야 한다는 도덕성의 요구는 이 소명의 맥락 안에서 이해해야 한다(라이트의 표현에 의하면 "소명의 필연적 반사작용"이다). 성경을 이러한 창조 프로젝트로 읽으면 이 이야기는 인간의 회복에서 그치지 않고 애초에 인간의 소명을 통해 이루고자 했던 피조 세계 전체가 회복될 때 완성된다. 아담에게 주어졌던 '제사장-왕'의 소명이 이스라엘로 이어졌다가 최종적으로 메시아 예수님의 백성에게 계승되었기에 이제 이들을 통해 창조 프로젝트가 완성될 것이다.

그렇다면 이 이야기를 중심으로 속죄를 이해하는 라이트에게 (1) 죄는 무엇이고 어떤 문제를 초래하는가? 라이트는 '행위로서의 죄'와 '세력으로서의 죄'를 구분해서 설명한다.[2] 먼저 행위로서의 죄의 본질은, 아담과 이스라엘의 이야기에 나타나듯, 단순히 하나님의 도덕적 명령에 대한 불순종이 아니라 우상숭배로 하나님이 주신 소명을 저버리는 것이다. 하나님을 예배하지 않고 우상숭배에 빠지는 것은 하나님이 주신 '제사장-왕'의 소명을 내던지는 것이다. '제사장-왕'의 권세를 가진 인간들이 하나님 대신 우상을 숭배하는 행

---

[2] 라이트와 개더콜 모두 설명을 위해 '행위로서의 죄'와 '세력으로서의 죄'를 구분하지만 실제로는 이 둘이 불가분하게 연결되어 있다고 믿는다.

위는 그 자체로 우상에게 힘과 권세를 부여하는 결과를 낳는다. 이러한 행위는 "어두운 세력"을 형성하고 인간을 속박하여 행위로서의 죄를 계속 짓게 하는 세력으로서의 죄로 작용한다. 행위로서의 죄와 세력으로서의 죄가 초래하는 문제는 인간의 소명이 박탈되고 멸망할 운명에 처하는 것이며 하나님의 창조 프로젝트가 중단되는 것이다.

(2) 그렇다면 예수님의 죽음이 이 문제를 어떻게 해결하는가? 라이트에 따르면, 예수님은 이스라엘을 새롭게 출애굽시켜 회복하는 대표자 메시아로 오셔서 인류를 속박하는 세력으로서의 죄를 자신에게로 끌어모아 이사야서의 고난받는 종으로 죽으심으로 이 세력을 무찌르셨다. 대표자 예수님의 죽음과 부활에 연합됨으로 그의 승리는 우리의 승리가 되고 우리는 세력으로서의 죄로부터 새 출애굽을 경험하는 것이다. 하지만 예수님의 죽음은 행위로서의 죄에 대한 형벌을 대리적으로 받으신 사건이기도 하다. 라이트는 이 부분에 대해 충분히 설명하고 있지는 않지만, 그의 강조점들로부터 다음의 요지를 추론할 수 있다. 하나님의 형벌의 대상은 죄인이기보다는 죄 자체다. 여기서 죄는 세력으로서의 죄와 행위로서의 죄 모두를 가리킨다. 그렇기에 죄인이 받을 심판을 예수님이 대신 받았다는 말은 정확하지 않다. 죄인 안에 있던 행위로서의 죄와 세력으로서의 죄를 예수님이 자신 안으로 끌어모으셨고, 그 죄를 심판하기 위해 죄인 대신 예수님이 죽으셨다고 이해해야 한다.

(3) 마지막으로 예수님이 죄의 문제를 해결하신 것은 어떤 결

과를 낳는가? 예수님이 대표적이고 대리적으로 겪으신 '새 출애굽으로서의 죽음'의 결과로 그리스도의 백성이 성령으로 그리스도와 연합되고, 하나님의 임재 안으로 회복되어 소명을 되찾는다. 소명을 회복한 자들은 하나님의 창조 프로젝트를 이루는 '제사장과 왕'의 역할을 이어 간다. 이들을 통해 궁극적으로 피조 세계는 회복되어 하나님의 임재와 통치가 가득할 것이며 창조 프로젝트는 완성될 것이다. 예수님의 죽음은 죄인들에 대한 하나님의 사랑을 나타내지만, 이들을 통해 회복할 피조 세계에 대한 사랑도 나타낸다.

사이먼 개더콜의 입장

개더콜은 여러 속죄 모델의 통합을 추구한다는 점에서 라이트와 비슷하지만, 성경 전체 이야기에 의존하지는 않는다. 라이트가 이해한 성경 이야기에 부분적으로 동의하는 듯하고, 자신이 수용하는 성경 전체 이야기가 있는 듯하지만, 그 내용을 구체적으로 밝히거나 자신의 속죄론을 설명하는 데 사용하지 않는다. 대신 그는 성경에서 관찰되는 두 가지 원리, 즉 죄가 죽음에 이르게 한다는 공의의 원리와 죄를 지어도 죽음에 이르지 않을 수 있다는 은혜의 원리를 사용해 속죄에 관련된 본문을 해석하여 예수님의 죽음이 형벌 대리적이었음을 강조한다.

좀 더 구체적으로 개더콜에게 (1) 죄는 무엇이고 어떤 문제를 초래하는가? 개더콜도 라이트와 마찬가지로 행위로서의 죄와 세력으로서의 죄를 구분해서 설명한다. 하지만 세력으로서의 죄의 정체를 이해하는 데 어려움을 토로하며 이것을 역동적 존재로 보기보다 일종의 결함이나 결핍의 상태로 보는 것이 더 낫다는 입장을 취한다. 행위로서의 죄가 초래하는 문제는 형벌적 죽음에 이르게 하는 것이며, 세력으로서의 죄가 초래하는 문제는 인간을 속박하여 죄의 행위를 끊임없이 반복하게 하는 것이다. 따라서 죄에서 구원받으려면 행위로서의 죄를 용서받아야 하고 세력으로서의 죄에서 구조되어야 한다.

(2) 예수님의 죽음이 이 문제를 어떻게 해결하는가? 개더콜은 예수님의 죽음으로 행위로서의 죄에 대한 용서와 세력으로서의 죄로부터의 해방 모두가 이루어졌다고 주장하지만, 방법을 설명할 때는 전자에 초점을 둔다. 즉 예수님은 행위로서의 죄가 초래하는 형벌적 죽음을 죄인 대신 받으셨기 때문에 신자들은 행위로서의 죄를 용서받아 형벌적 죽음을 겪지 않아도 된다. 이러한 예수님의 형벌 대리적 죽음은 구약의 은혜의 원리가 절정으로 표현된 이사야서의 고난받는 종의 죽음에 예표되어 있으며 이교도 문학에서 등장하는 대리적 죽음의 경우들과는 구별된다. 이교도 문학에서 묘사되는 대리적 죽음은 자격이 있는 자들을 위한 죽음인 것에 반해 예수님의 대리적 죽음은 살 자격을 상실한 죄인들을 위해 그들의 형벌을 대신 받는 죽음인 것이다. 개더콜은 예수님의 죽음이 죄인을 어떻게 세력으로서의 죄에서 해방하는지 자세히 설명하지 않는다.

(3) 예수님이 죄의 문제를 해결하신 것은 어떤 결과를 낳는가? 개더콜은 예수님의 형벌 대리적 죽음으로 하나님의 영광이 드러남

을 강조한다. 개더콜은 이에 대해 간략하게만 설명하는데, 강조점은 다음과 같다. 먼저 그는 성경의 이야기를 인간의 소명을 통한 피조 세계의 궁극적인 회복으로 이해하는 라이트의 해석에 회의적이며, 오히려 피조 세계보다 인간의 회복을 더 강조한다. 하지만 개더콜의 궁극적인 강조점은 피조 세계도 인간도 아닌 하나님의 영광이다. 개더콜의 말을 빌리면 "십자가는 우선적으로 우리나 세상에 관한 것이 아니라 궁극적으로 하나님이 자기 자신에게 영광을 돌리고 자신의 이름을 영화롭게 하는 데 그 목적이" 있는 것이다.

결론

앞에서 간략히 소개한 라이트와 개더콜의 입장은 특정 속죄론보다 성경에 의존하여 속죄를 이해하려는 노력의 결과다. 이들이 자신의 입장을 구체적인 성경 본문들에서 어떻게 도출하고 변호하는지 책을 읽으며 확인할 수 있다. 물론 속죄에 대한 이들의 생각은 이 책에서 논의된 것보다 훨씬 정밀하고 풍성하다. 하지만 책의 내용만으로도 이들의 성경 해석과 결론에 충분히 매력을 느낄 수 있고 신학에서 성경의 중요성을 다시 한번 깨달을 수 있다. 이를 통해 독자는 성경 학자로서 연구에 임하는 자세와 대화의 모범 역시 발견할 수 있을 것이다.

박장훈

옮긴이 박장훈은 캐나다 사이먼프레이저 대학교에서 철학을 공부하고, 리젠트 칼리지에서 신학 석사 학위를 받았다. 이후 영국 세인트앤드루스 대학교에서 신학 석사를 마친 후 N. T. 라이트의 지도 아래 바울신학으로 박사 학위를 받았다. 현재 백석대학교, 아신대학교, 숭실대학교에서 가르치고 있다. 옮긴 책으로는 『톰 라이트는 처음입니다만』, 『칭의를 다시 생각하다』, 『동양의 눈으로 읽는 로마서』(이상 IVP), 『성경과 하나님의 권위』(새물결플러스) 등이 있다.

혁명의 십자가 대속의 십자가

초판 발행_ 2022년 11월 17일

지은이_ N. T. 라이트, 사이먼 개더콜, 로버트 스튜어트
옮긴이_ 박장훈
펴낸이_ 정모세

펴낸곳_ 한국기독학생회출판부
등록번호_ 제2001-000198호(1978.6.1)
주소_ 04031 서울시 마포구 동교로 156-10
대표 전화_ (02)337-2257 팩스_ (02)337-2258
영업 전화_ (02)338-2282 팩스_ 080-915-1515
홈페이지_ http://www.ivp.co.kr 이메일_ ivp@ivp.co.kr
ISBN 978-89-328-1971-6

ⓒ 한국기독학생회출판부 2022

책값은 뒤표지에 있습니다.
무단 전재와 복제를 금합니다.